印 顺 法 师 佛 学 著 作 系 列

胜鬘经讲记

释印顺 著

中华书局

图书在版编目(CIP)数据

胜鬘经讲记/释印顺著. —北京:中华书局,2011.4(2025.4
重印)

(印顺法师佛学著作系列)

ISBN 978-7-101-07859-6

Ⅰ.胜… Ⅱ.释… Ⅲ.大乘-佛经-研究 Ⅳ.B942.1

中国版本图书馆 CIP 数据核字(2011)第 037040 号

经台湾财团法人印顺文教基金会授权出版

书　　名	胜鬘经讲记
著　　者	释印顺
丛 书 名	印顺法师佛学著作系列
责任编辑	朱立峰
封面设计	毛　淳
责任印制	管　斌
出版发行	中华书局
	(北京市丰台区太平桥西里 38 号　100073)
	http://www.zhbc.com.cn
	E-mail:zhbc@zhbc.com.cn
印　　刷	北京建宏印刷有限公司
版　　次	2011 年 4 月第 1 版
	2025 年 4 月第 4 次印刷
规　　格	开本/880×1230 毫米　1/32
	印张 6¼　插页 2　字数 130 千字
印　　数	6001—6500 册
国际书号	ISBN 978-7-101-07859-6
定　　价	32.00 元

"印顺法师佛学著作系列"出版说明

释印顺(1906—2005)，当代佛学泰斗，博通三藏，著述宏富，对印度佛教、中国佛教的经典、制度、历史和思想作了全面深入的梳理、辨析与阐释，取得了一系列重要学术成果，成为汉语佛学研究的杰出典范。同时，他继承和发展了太虚法师的人生佛教思想，建立起自成一家之言的人间佛教思想体系，对二十世纪中叶以来汉传佛教的走向产生了深刻影响，受到佛教界和学术界的的高度重视。

经台湾印顺文教基金会授权，我局于2009年出版《印顺法师佛学著作全集》(23卷)，系统、全面地介绍了印顺法师的佛学研究成果和思想，受到学术界、佛教界的广泛欢迎。应读者要求，我局今推出"印顺法师佛学著作系列"，将印顺法师的佛学著作以单行本的形式逐一出版，以满足不同领域读者的研究和阅读需要。为方便学界引用，《全集》和"系列"所收各书页码完全一致。

"印顺法师佛学著作系列"的编辑出版以印顺文教基金会提供的台湾正闻出版社出版的印顺法师著作为底本，改繁体竖排为简体横排。以下就编辑原则、修订内容,以及与正闻版的区别等问题,略作说明。

编辑原则

编辑工作以尊重原著为第一原则,在此基础上作必要的编辑加工,以符合大陆的出版规范。

修订内容

由于原作是历年陆续出版的,各书编辑体例、编辑规范不一。我们对此作了适度统一,并订正了原版存在的一些疏漏讹误,主要包括以下几项:

1.原书讹误的订正:

正闻版的一些疏漏之处,如引文、纪年换算、人名、书名等,本版经仔细核查后予以改正。

2.标点符号的订正:

正闻版的标点符号使用不合大陆出版规范处甚多,本版作了较大幅度的订正。特别是正闻版对于各书中出现的经名、品名、书名、篇名,或以书名号标注,或以引号标注,或未加标注;本版则对书中出现的经名(有的书包括品名)、书名、篇名均以书名号标示,以方便读者。

3.梵巴文词汇的删削订正:

正闻版各册(特别是专书部分)大都在人名、地名、名相术语后一再重复标出梵文或巴利文原文,不合同类学术著作惯例,且影响流畅阅读。本版对梵巴文标注作了适度删削,同时根据《望月佛教大辞典》、平川彰《佛教汉梵大辞典》、荻原云来《梵和大辞典》等工具书,订正了原版的某些拼写错误。

4.原书注释中参见作者其他相关著作之处颇多,为方便读者查找核对,本版各书所有互相参见之处,均分别标出正闻版和本版两种页码。

5.原书中有极少数文字不符合大陆通行的表述方式,征得著作权人同意,在不改变文义的前提下,略作删改。

印顺法师佛学著作对汉语佛学研究有极为深广的影响,同时在国际佛学界的影响也日益突出。我们希望"印顺法师佛学著作系列"的出版,有助于推进我国的佛教学以及相关学科的研究。

中华书局编辑部
二〇一一年三月

目　　录

悬　论

一　叙大意

《胜鬘师子吼一乘大方便方广经》，简称《胜鬘经》，为真常妙有的大乘要典。《法华》、《涅槃》、《楞伽》等经的要义，本经都包含得有。在南北朝时代流通极广。今先以三义来略明本经的要义：一、平等义，二、究竟义，三、摄受义。

一、平等义：大乘佛法有一名句：“一切众生皆得成佛。”这句话是极深刻、极伟大的。一切众生都可以成佛，这是不简别任何人的，人人都可以成佛的。在六道中轮转的其他众生，无论如何，也终于会有修学佛法的能力，达到成佛的目的，不可说这些众生可以成佛，那些不可成佛，而是普为一切众生的，所以佛法极其平等。比之一般，佛法才是真正的大平等，究竟的真平等。佛法虽是为一切众生的，一切众生皆成佛的，但仍以人类为本；其他众生，要到人的地位，才能发心修学而成佛。所以唐朝裴休的《圆觉经序》说：佛法是遍为一切众生的；然其真能发菩提心的，唯在人道。以人言人，佛法是不简别什么人的，约本经作三点来说：

　　（一）出家与在家：佛法有出家与在家的两类。有以为佛法是出家人的，或出家众是特别重要的。其实，约大乘平等义说，学佛成佛以及弘扬正法、救度众生，在家与出家，是平等平等的。像本经的胜鬘夫人就是在家居士，她能说非常深奥、圆满、究竟的法门。若说大小乘有什么不同，可以说：小乘以出家者为重，大乘以现居士身为多。维摩居士，中国的学佛者都是知道的，他是怎样的方便度众生呀！考现存的大乘经，十之八九是以在家菩萨为主的，说法者不少是在家菩萨，而且也大多为在家者说。向来学佛者，总觉得出家胜过在家，然从真正的大乘说，胜过出家众的在家众多得很。有一次，文殊与迦叶同行，文殊请迦叶前行说，你是具戒、证果了；迦叶转请文殊先行说，你早已发菩提心领导众生了：结果是文殊先行。发菩提心的大乘学者，虽是在家众，也是被尊敬的。从佛教的史实上看：晋时法显去印度时，见到华氏城的佛教多亏了一位在家居士罗沃私婆迷的住持。唐时玄奘到印度去，先在北印度，从长寿婆罗门学中观；次到中印度，跟胜军论师学瑜伽。近代中国，如杨仁山居士等，对佛教的贡献及影响就很大。小乘说，出家得证阿罗汉果，在家就不能得；以大乘佛法说，一切是平等的。反之，佛在印度的示现出家相——丈六老比丘，是适应印度的时代文明而权巧示现的，不是佛的真实相。如佛的真实身——毗卢遮那佛，不是出家而是在家相的。不以出家众为重，而说出家与在家平等，为大乘平等的特征之一。

　　（二）男子与女人：现在人都在说，男女是平等的，不知佛法原就主张男女平等的。以小乘说，比丘得证阿罗汉果，比丘尼同样得证阿罗汉果。以大乘说，修功德、智慧、断烦恼、自利利人，男女是一样的。如《宝积经》中的《胜鬘会》、《妙慧童女会》、《恒河上优婆夷会》等；《大集经》中的《宝女品》；《华严经》中善财童子所参访的善知识中，有休舍优婆夷、慈行童女、师子嚬呻比丘尼等；《法华经》的龙女；《维摩诘经》的天女等。大乘佛教中的女性，是从来与男众平等的。但过去，佛教受了世间重男轻女的影响，女众仍不免有相形见绌之处。这在大乘佛法的平等上说，男女平等而且都应荷担佛法的！摩诃波阇波提比丘尼圆寂后，佛就将她的舍利对大众说：要说大丈夫，她就是大丈夫了。因大丈夫所能做的，她都做到了。这可见大丈夫，不是专拘形迹的，能依佛法去做，做到佛法所当做的，不论是男是女，都是大丈夫。经中每说女子闻佛说法，即转女身为男身；《法华经》中的龙女转丈夫身成佛，这不都显示这一番深义吗？本经是极深奥圆满的一乘大教，而由胜鬘夫人说法，开显了男女平等的真义。

（三）老年与少年：在形式上，传统的声闻僧团是重年老上座的，因而佛教养成重老的习惯，说什么"和尚老，就是宝"。其实，佛教所重的上座，是胜义上座，即能证真而解脱的；哪怕是年轻比丘或沙弥，如解脱生死，就是上座。其次，有智慧上座，就是受持三藏的大德法师。有福德上座，他的福缘殊胜，得信众信仰，能因他而得财力，修寺、塑像等，为佛法服务。这三类，胜义上座是专精禅思的；智慧上座是受持三藏的；福德上座是勤劳僧事的杰出者。此外，还有生年上座，即指出家多年的老比丘，这只是由于衰朽龙钟而得他人哀愍推许而已。其实，老有何用？

释迦佛成佛时才三十五岁，七八十岁的老外道还要归依佛呢！大乘经中，充满青年信众；许多童男童女，都是发大乘心的。《华严经》的善财童子，《般若经》的常啼菩萨，都是修学大乘法的好榜样。罗什三藏受学中观论时，不过才十几岁。《佛藏经》说：老上座们斗净分散为五部，唯有"年少比丘多有利根"，住持了佛法。"沙弥虽小不可轻"，小乘经本有此意，到大乘佛法中，才充分地开展出来。胜鬘夫人，为波斯匿王及末利夫人的爱女，年纪极轻，弘通大乘法教，引导七岁以上的童男童女都信修佛法。从青年夫人的弘扬大法、一切青年的修学佛法来看，显示了大乘佛法的青年老年平等，决不拣别少年而有所轻视的。

二、究竟义：上约人说，此约法说。大乘佛法说平等，不是但求平等，甚至普遍降低，而是要求普遍地进展、提高、扩大，而到达最究竟最圆满的。佛法说的究竟平等，就是成佛，人人都可到达这一地步，所以是极平等而又最究竟。本经从一乘章到自性清净章，都发挥这佛乘的究竟圆满义。佛法中有声闻、缘觉，但这是方便说的，不是究竟真实。究竟圆满处，唯是如来——即是一切众生皆得成佛的佛；如来才是究竟。这可从如来功德、如来境智、如来因依三点去说。

（一）如来功德：佛的果德是究竟圆满的，不是小乘可比。所证的涅槃，如来是无余涅槃，小乘是少分的涅槃。所断的烦恼，佛是断尽五住，二乘只断除了前四住的烦恼。所离的生死苦，佛是永离二种死，二乘只离去了分段生死苦。所修的道，佛是一切道，因此而得过恒沙的一切佛法，得第一义智，二乘只是修少分道，得初圣谛智。不论从哪方面看，唯如来的常住功德才是究竟的。

（二）境智：境是佛所悟证的——谛，是一灭谛，即诸法实相；智是悟证实相的佛的第一义智——平等大慧。智所悟的实相，境所发的实慧，都是究竟圆满的。通常说："如如、如如智，名为法身"，即此一灭谛与第一义智。依《佛地经论》说：佛果功德，就是以四智菩提，圆成实性，五法为体。所以从佛的无量无边功德中，统摄为智与境，都超越二乘，圆满究竟。

（三）因依：如来的能证智与所证理，一般说来，要到如来才究竟。其实，究竟的真如，是常恒不变；智慧与无边功德，也是不离于真实而本有此功德胜能的，一切众生本来具有的，这就是经中所说的如来藏（即佛性）。如来藏即一切法空性，即一灭谛；而为功德胜能的所依因。人人有如来藏，因而人人都可成佛。从如来究竟的境智推求到根源，即指出如来究竟所依的如来藏。如长江大河，一直往上推，可以发现到它的发源处。人人有如来藏，只要能本着如来藏中的称性功德智能引发出来，就是如来。如来是究竟的；由于一切众生有如来藏，所以一切众生平等，一切终于要成佛而后已。这一思想，在真常妙有不空的大乘经中，发挥到极点。

三、摄受义：这从人法的相关说。受是领受，接受；摄是摄取，摄属。摄受正法，就是接受佛法，领受佛法；使佛法属于行者，成为自己的佛法，达到自己与佛法的合一。所以摄受正法，在修学佛法的立场说，极为重要。如不能摄受佛法为自己，说平等、说究竟，对我们有什么用？众生本有功德智慧的根源，但还是凡夫，具足又有什么用？原因在不能摄受佛法，不能使佛法与自己的身心合一，未能从身心中去实践、体验。世间没有天生弥勒、自然释迦，弥勒与释迦，都是从精进勇猛中修学佛法而成。必须使佛法从自己的身心中实现出来，这才能因一切众生平等具有究竟的如来藏，而完成究竟的如来功德。

摄受正法，也应分三义说，即信、愿、行三者。通常以为念佛，须具足信、愿、行；其实，凡是佛法，都要有此三者。"信为欲依，欲为勤依"，以信为依止而起愿欲的求得心；有了愿求心，就能精进地去实行。但此中最要者，为信，真常妙有的大乘法，信是特别重要的。如有人能了解佛法，但不依着做去，这就证明他信得不切。如真能信得佛法，信得佛的功德、智慧的伟大，信得佛法的救度众生的功用，信得人生确为众苦所逼迫，不会不从信起愿，从愿去实行的。信心是学佛的初步，如胜鬘夫人一闻佛的无量功德，就欲见佛；见佛即归依生信。紧接着，就是发誓愿，修正行，一切都从信心中来。等到说明如来藏为"大乘道因"，即广为劝信。极究竟的如来乘，唯有极切的诚信心，才能摄受、成就。所以《华严经》说："信为道源功德母。"《智论》说"信如手"，手是拿东西的。要得佛法，就应从信下手。佛法的无边智慧、功德宝，如有信心，就可尽量取得（摄受），否则，即是入宝山而空手回。佛乘是究竟而又平等的，从平等到究竟，关键就在摄受正法。摄受正法，以信为初门；有信而后立大愿，修大行，本经中都是有所说明的，这即是从叹佛功德到摄受正法章。

平等、究竟、摄受——三个意义，为本经的核心、精要，特先为略说。

二　释经题

《胜鬘师子吼一乘大方便方广经》。经，简别律与论。经是一切经的总称；有大乘经、小乘经，今说方广，即简别了小乘经。方广，又是一切大乘经的通名。大乘经的部门很多，凡是说一佛乘而声闻缘觉是不究竟的，即可称一乘经与大方便经。如《法华经》有十三个名字，其中就有称为《一乘经》与《大方便经》的。这是大乘经中会三归一教典的通名。本经在这一类大乘经里，别名为胜鬘师子吼，因为这是胜鬘夫人所说的。所以经题有三层通别，现在再分开来讲：

"胜鬘"：胜鬘夫人，是波斯匿王和末利夫人的女儿。传说是七地菩萨——也有说是八地的。从世间的名义说，梵语室利末利，此云胜鬘。末利是母（末利夫人）名——此云鬘。印度人多以父母的名字立名，如舍利弗是提舍的儿子，即名优波提舍。室利，此云胜。所以，胜鬘是父母希望女儿的才貌福德超越母亲的意思。鬘，是印度的装饰品，是用花结成的，挂在颈项或头上。如从佛法"依德立名"的意义说：鬘指种种功德，圣贤以功德为庄严——鬘。如《大涅槃经》说"七觉妙鬘"，"德鬘优婆夷"；《维摩经》说"深心为华鬘"。例如《华严经》，是以菩萨大行的因花，庄严无上的佛果。法身（如来藏）是一切众生所具有的，但因没有功德庄严，而法身还不能显现。菩萨发菩提心，修自利利他行，就是为了庄严一乘的法身。今胜鬘夫人修一乘行，弘一乘教，即是以功德鬘庄严一乘的佛果。人天功德，二乘功德，都可以说是庄严。然菩萨的大行庄严，是庄严中的殊胜；是殊胜的功德鬘，所以名为胜鬘。

"师子吼"：师子，为兽中王。经中每喻佛菩萨的说法如师子吼。师子吼的含义很多，现在简为二义来说：一、无畏说：师子吼时，在一切兽类中，无所怖畏而得自在。今胜鬘夫人在佛前说一乘大法，纵横无碍，无所怖畏，所以赞美为师子吼。胜鬘夫人说法，能"降伏非法"——"习诸外道腐败种子"（《胜鬘师子吼章》）。如师子一吼，百兽畏伏。无畏说是含有无畏于他，而令他畏伏二义的。本经称师子吼，特别是指一乘法说。如说："说一乘道，如来四无所畏成就师子吼说。"（《一乘章》）成就四无所畏，而畅说一乘究竟义，故名师子吼。二、决定说：传说师子是一往直前而不走曲径的。说法有二种：一、方便说，即是不究竟不彻底的，说过后，还须另加解释。二、决定说，即是肯定的、究竟彻底的。本经说："以师子吼，依于了义，一向记说。"一向记说者，即究竟而肯定的说法，不再改变修正的。这种决定的说法，与师子的一往直前一样。佛法中的法门，有人天乘法、声闻乘法、缘觉乘法，这都是方便的说法；而此菩萨大行，如来极果的唯一大乘法，为最究竟彻底的了义说。今胜鬘夫人亦作此究竟了义说，所以名胜鬘师子吼。

"一乘"：关于一乘，古来诤论极多。为三乘中的大乘，就是一乘呢，还是离大乘之外另有一乘？中国自光宅法云、天台智者以来，都倾向于后说。论到一乘，一是不二义。唯此而更无第二，所以名一。乘即车乘，运载自在，喻佛法的令众生从生死此岸运至涅槃彼岸，出三界而到一切智海。佛法中，有的地方说五乘:人乘、天乘、声闻乘、缘觉乘、菩萨乘。有的地方说三乘:声闻乘、缘觉乘、菩萨乘或大乘。现在说一乘,即简别不是(五乘)三乘。声闻乘和缘觉乘,不是究竟的,所证的涅槃,也不是真实无余的涅槃。真得究竟涅槃,即是成佛,所以一乘即一佛乘。为简别声闻和缘觉乘,否定声闻与缘觉乘的究竟,而说一乘,这是无诤的。但一乘,是三乘中的大乘——即无二唯一大乘呢? 还是于声闻、缘觉、菩萨——三乘之外另有一乘呢? 这就有异说了。其实,对二说一或对三说一,是一样的。如手中只有一颗荔枝,而对小孩说:我手里有三样果子,有梅有杏有荔枝。等到伸开手来,手中只有一颗荔枝,余二皆无。这即如《法华经》说的:“唯此一事实,余二则非真。”但也可以说,并无三果,唯有一果。以初说有三果,开手时只有一枚。如《法华经》说:“但以一佛乘故为众生说法,无有余乘,若(第)二若(第)三。”由此看来,简三说一与简二说一,根本是一样的,并没有什么矛盾。如凹图,我们指右边的二线,说此二是短的,而说左边的是长的。一长两短,这是一种说法。约上下而论:或者并没有三根长线,长线只有一根,这又是一种说法。所以,无论说无二唯一,或无三唯一,大乘是贯彻始终,即是一乘,而不可破的。不过,约菩萨的修行说,都名为大乘;约简别声闻缘觉果的不究竟说,唯有佛果才是究竟的,这称为一乘,也即是大乘。所以,《法华经》专说一乘,又说“佛自住大乘”。大乘与一乘,可作如此观:

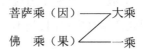

待二乘（三乘）而说一乘，略有二义：一、破二明一，二、会三归一。破二明一是：佛说声闻缘觉乘法，有的即执此二乘所证的涅槃为究竟，不再想发菩提心，进入佛乘。为了说明二乘非究竟，所以"开方便门，显真实相"。开方便门，光宅即解说为"开除"，即"正直舍方便，但说无上道"。因为偏执极深，所以非彻底破除不可。然菩萨修行而未成佛，并不自执菩萨行为究竟，所以只说"余二则非真"，不破菩萨乘。会三归一是：成佛虽不一定要经历二乘，然声闻缘觉乘果是一佛乘的前方便。《法华经》说：五百由旬，声闻缘觉走了三百由旬到化城；这虽没有真的到达目的地，但所走的三百由旬，还是五百由旬里面的三百由旬。所以只要明了二乘不是究竟的，那么过去所行所证的小果，都是成佛的方便，会入一乘了。《法华经》说："汝等所行是菩萨道。"这就是说，声闻缘觉乘果，不失为一乘的因行，所以说会小归大。使二乘知道二乘不是究竟的，不妨破；使二乘人知道是一乘的方便，即应当会。关于菩萨乘，初学菩萨也有误以为确是三乘究竟的；有的也还想退证小乘。知道二乘非真，三乘同归一乘，即不再退堕了。依此，也可说会三乘而同归于一乘。总之，一乘的重心，在说明二乘非真，在显示如来果德。大乘是贯彻因行果德的，而多少侧重菩萨因行（本经可为确证）。上来，大体依三论师说。

"大方便"：《法华经》亦名《大方便经》，有《方便品》。方即是方法；便是便宜，即适应义。方便是适应环境根性的方法。众生的根机不一，如到处都用真实法门，是不一定被信受的。必须用方便去接引，然后归到真实。方便的定义，依《法华论》说：佛法唯是大乘，为适应众生的根机，说声闻、缘觉、人天乘法，这些都是方便。方便可由二方面去说：从法的方面说，这是不究竟的；如从说法的人说，方便即是善巧，比执实无权是更不容易的。如果只说唯有一佛乘；或为二乘根性说声闻缘觉乘法，而不能会归到一乘，这即是不够巧便。佛有巧妙的方便，唯一佛乘而能够随机分别说三乘，说三乘而能会归于一乘。为实施权，又会权归实，这真是无比的大方便。今本经也是这样，初说于大乘出生二乘及人天法，次又会二乘入一佛乘。二乘法不单是方便假说，还是趋入一乘法的大方便。上题胜鬘师子吼，是能说了义的人；一乘大方便，是所说的究竟法。

"方广"：梵语毗佛略，此云方广，也译为方等。这是大乘经的通名。如《华严经》称《大方广》；《法华经》别名《方广》；《涅槃》有《方等泥洹经》等。方等是一切大乘经的总称，不应看作一分大乘经的别名。方是正而不偏邪；广是广大义，等是普遍义。大乘经文富义广，中正而离边邪，所以名为方广。

"经"：梵语修多罗，此云线，有贯串的功能，如线贯花而成鬘。佛随机说法，结集贯串为部，佛法得以摄持而久住，故喻之为修多罗。中国人称圣贤的至理名言为经；经也本是线，所以顺中国的名言，译名为经。

三　明传译

"刘宋天竺三藏求那跋陀罗译"。求那跋陀罗，此云德贤，或功德贤，中印度人，精通经律论三藏，故尊称为天竺三藏。本经为求那跋陀罗在江苏丹阳译出的。刘宋,指国王姓刘的宋朝,简别不是赵宋。刘宋继东晋之后,建都南京。德贤经锡兰、广州来,于刘宋元嘉年间译出此经。本经的异译,有唐武后时菩提流志三藏所译的《大宝积经》里的第四十八会,名《胜鬘夫人会》。据传说:古代还有一译本,是东晋安帝时昙无讖三藏译的,简称《胜鬘经》,或名《胜鬘师子吼一乘方便经》,此经已不传。现在所讲的,是刘宋求那跋陀罗的译本。

四　论顿渐

一、顿教与渐教:顿渐的教判,是刘宋时慧观法师所提出的。佛初说华严大教,是顿教;此后,渐引众机,从阿含、般若到涅槃等,是渐教。顿渐二教,以大乘为究竟,而约说法的方式说。据此而论本经,不是最初说,所以不是顿。胜鬘夫人初见佛即悟入究竟一乘,作师子吼,也不能说是渐教。所以古人称本经为偏方不定教,为后来天台宗判顿、渐、秘密、不定化仪四教所本。约说教的顿渐说,本经是属于非顿非渐的不定教。

二、顿悟与渐悟:古代判本经为顿悟门,因为胜鬘夫人久处宫闱,一见佛闻法,即能深悟究竟一乘。但胜鬘夫人怎样会顿悟的呢? 如本经中说:“我久安立汝,前世已开觉。”“胜鬘已亲近百千亿佛,能说此义。”这可见胜鬘夫人也不是一步登天的,还是因久劫修学,才会一闻顿悟的。由此,从学者的修学说,佛法是渐而非顿的。学佛,切不可好高骛远,为顿教圆教等好听的词句所欺。尽他说即身成佛、当下成佛,一切还要问自己。只要脚踏实地,发心修学,功到自然成就。佛法中或说即身成佛等,是专为懈怠众生说的。有些人听了要久劫熏修,就畏难而退,所以说:即生可以成办,摄引他发心向佛。如好高骛远而夸顿说圆,那是图侥幸而贪便宜的腐败种子!

三、顿入与渐入:修学大乘法有二条路:一、最初即发菩提心,顿入大乘,名直往菩萨。二、先发小乘心,或证小乘果,然后回心向大,这是迂回曲入,名渐入大乘。一乘法中,直往的顿入大乘,如《华严》;经小乘而渐入大乘的,如《法华》。但从所入的唯一大乘法门说,并无不同。本经是属于顿教直往大乘的。不但胜鬘如此,化七岁以上的童男童女学大乘法,也都不经小乘的曲径。大抵,古代依出家众而开发到一乘,回小而向大,经中即有次第渐学的文证。如从在家众而开发到大乘,即是直往大乘。中国的佛教,形迹上,根本没有学小乘法的,都自以为大乘。所以应直以大乘佛法为教,不必先学小乘;直依大乘经论而趣向大乘,即是顿入。但是否能顿悟,那就要问自己,有否夙习三多(见《般若经》)、五事具足(见《解深密经》)了!

正　释

甲一　序分

乙一　证信序

如是我闻，一时，佛住舍卫国祇树给孤独园。

　　一切经典，可分三分，即序、正、流通。序分，是叙说法会发起的因缘。由此因缘而开始说法，即为正宗。说法，不但为当时的听众，还远为未来的众生，所以末后有流通分。这是一切经的一般体裁。

　　序分又分通序、别序。通序，是一切经所共同的；别序，是每一经的各别发起因缘。这通别二序，又称为证信与发起。证信序，是结集经的叙述语，以表示不是杜撰的，而是亲从佛听来的，从佛弟子展转传下来的。其中，叙明时间、地点、有什么人在场同听。记载翔实，确实可信。所以龙树《智论》说："说方、时、人，令人心生信故。"

　　"如是我闻"指法，指这部经典，为我亲从佛所听来的。如是，有信顺的意思，如说：如是的！就表示信得过；假使信不过去，就说不是这样了。佛法无论深浅，一律要以信心为先。同时,佛说是这样的,佛弟子传下来,大家都说是如此的,彼此没有异议。所以,如是又含有无诤的意思。佛法本无实我,但随顺世俗有假名我,假名说我。依缘起法相说,依耳根发耳识而成听闻。但不离根识而安立假我,假我是总,根识是别,废别取总,所以说我闻。

"一时",指说法的时候。各地的时间不同,历法不同。佛法遍传于各地,所以不指定某年、月、日,总称一时。简单地说,就是感应道交、法会始终的时间。

"佛",指说法主。梵语佛陀,简称为佛,义为觉者。觉有二义:一、觉悟,是觉悟宇宙人生的真性。二、觉察,是觉了一切事相。正觉法性,声闻缘觉也是有的;不过佛不但是正觉,而且普遍觉了世出世间的一切法,名正遍觉者(即三藐三佛陀)。约事理说,佛是具足了觉悟、觉察而于觉究竟圆满的。若约自他说,佛不但完成了自觉,且觉悟于他;自觉觉他而究竟圆满了的。所以,佛陀的大觉,应着重于无师自悟的创觉,不同声闻的依佛而开觉;更应着重于普遍一切的明觉,不同二乘的觉了少分。佛是通号,凡能具足觉察、觉悟,以及觉自、觉他、觉圆满者,都名为佛。但此中所说的,指释迦牟尼。因为约现在的这个世界说,唯一佛无二佛。说到佛,就知是释迦牟尼了。

"舍卫国祇树给孤独园",指佛教化的住处。舍卫实是城名,国名为憍萨罗。舍卫城是憍萨罗国的京城。舍卫城,是六大城之一,佛在此说法的时间很长,传说有二十五年。此地离佛故乡的迦毗罗卫不远;佛的祖国,就是属于憍萨罗的。舍卫的意义,是有名闻。印度古代,舍卫是极重要的大城,为文化、经济的中心。人才济济,物产丰富,有名于当时,所以叫舍卫。在舍卫国城南约三四里地方,有祇树给孤独园。园的梵语是僧伽蓝,即僧众住处,有山水,有树林,出家众都住这些地方,所以印度的僧寺都名僧伽蓝。祇树,是祇陀太子的树。祇陀是王太子,园门处的树木是属于他的。给孤独即须达多长者,为舍卫城的首富,多作慈善事业,特别救济孤独无依者——少而无父母的孤儿,老而无子女的独汉——所以人们尊称他为给孤独长者。园是长者造的,树是太子布施的,所以合名祇树给孤独园。

　　一般经的通序,此下还叙列有诸大阿罗汉,或千二百五十弟子,或有大菩萨、诸天龙神等为在场的听众。本经没有同闻众,因本经正宗,在阿逾阇国说;当时的听法众也不在祇园内。所以叙说佛在祇园时,对于同听众略而不论。

乙二　发起序

丙一　外缘发起

丁一　论女德共商接引

时波斯匿王及末利夫人,信法未久,共相谓言:胜鬘夫人,是我之女,聪慧利根,通敏易悟,若见佛者,必速解法,心得无疑;宜时遣信,发其道意。夫人白言:今正是时。

　　此下是发起序。有二:一、外缘发起,即由王及夫人的助缘引发。二、内因感悟,即由胜鬘夫人自己过去的善根,见佛闻法。外缘发起中,先论女德共商接引。

　　“波斯匿王”,是憍萨罗国的国王,译为胜军。“末利”即鬘。戒律中说:末利夫人是迦毗罗卫国的大名长者的使女,出身贫苦。一次，见到佛，生欢喜心，作微薄的供养。她在大名长者的花园内做事，胜军大王某次到花园来，末利照应得很周到，王知道是大名长者的使女，就向长者求为夫人。末利夫人突然的幸遇，自觉为供佛的功德，从此信佛甚深。由于夫人信佛，也就引王信佛。"信法未久"，约信解大乘法说。在本经以前，佛在给孤独园将说《法鼓经》时，王及夫人击鼓奏乐来听法。佛说：我今将击法鼓，即宣说真常大我的法门。在这次法会中，王及夫人对真常妙有的法门有了真切的信解。信法不久，就想起了自己的女儿。父母对子女是特别爱护的，当然也愿望女儿能见佛生信。当时，胜鬘夫人早是远嫁到阿逾阇国去了。夫妇俩"共相谓言：胜鬘夫人，是我"们的"女"儿，而且她是"聪慧利根，通敏易悟"的。随听而能明了，是聪；随意识的观察而能抉择是非，是慧。聪而又慧，所以她的根性是锐利的。通是无碍滞，即听到什么就能了解什么。敏是迅速的悟解——如常说的敏感、敏捷、敏悟，都有速疾的意义。由聪故通，由慧故敏，利根所以易悟。聪慧利根，是赞她的性能；通敏易悟，是赞她的慧用。这样的利根敏慧，"若"有机会"见佛"闻法，那"必"然地会迅"速"地悟"解"正"法"，而"心得无疑"。无疑，浅一点说，是坚定的信解；深一点说，就是证悟。但胜鬘夫人不在舍卫国，而在阿逾阇国，"宜"乎及"时遣"人送"信"给她，引"发其道意"——即对佛法生起信心来。在讨论这问题时，是以王为主体的，所以"夫人"就欢喜地"白"大王说：对的！"今正是时"，应该马上派人送信去！

丁二　遣信使发其道意

王及夫人与胜鬘书,略赞如来无量功德。即遣内人名旃提罗;使人奉书,至阿逾阇国,入其宫内,敬授胜鬘。

　　"王及夫人"这样决定了,立刻就写一封给"与胜鬘"夫人的"书"信。在信中,"略"为"赞"叹"如来"的"无量功德"。佛的功德是无量无边的,在书信中当然不能详说,只好简要地告诉她,引发她的敬信。信写好了,"即遣"宫"内"的使"人名旃提罗"的送去。旃提罗,不是个人私名,即内监,也就是黄门的通称。"使人奉"了王及夫人的"书"信,即"至阿逾阇国"去。阿逾阇国,是憍萨罗的东都;意义为不可克,即城垣坚固,是不易为敌人所攻破的。城中有王,名有称王,即胜鬘夫人的丈夫;这也是属于波斯匿王统治的。使者到达阿逾阇国后,即直"入"王"宫内",将波斯匿王及末利夫人的书信恭"敬"地"授"与"胜鬘"夫人。

丙二　内因感悟

丁一　奉书欢喜

胜鬘得书,欢喜顶受,读诵受持,生希有心。

　　此下说胜鬘夫人的内因感悟。胜鬘在过去生中,深植善根,所以一遇波斯匿王与末利夫人的外缘引发,即能见佛开悟。"胜鬘得"父母的来"书,欢喜顶受"。顶受,形容以恭敬心接受父母的来信。家书抵万金,所以心生欢喜。"读诵"书中的文句,"受持"而不忘书中的文义。对于书中的略赞如来无量功德，胜鬘过去虽曾久修菩萨行，然现生却还没有听过。由于过去的宿根深厚，所以一听到赞叹佛的功德，即"生希有"难得的"心"想。

向旃提罗而说偈言：我闻佛音声，世所未曾有，所言真实者，应当修供养！

印度的习俗，遇见尊长，总是说偈称赞。旃提罗是内监，本用不着说偈的，然因为他是代表父母来的，而送来的书又是赞叹佛功德的，所以胜鬘也"向旃提罗""说偈"。偈，梵语为伽陀，等于中国的诗。胜鬘说："我闻佛音声"，觉得这是"世"间"所未曾有"过的。父母送来的书信，是用文字写成的，文字是代表语言的。所以胜鬘见到信中的文字，即等于听到父母的语言，因文字而间接地听到，所以称为我闻。听到佛名，或听到三界无常，有漏皆苦，即会深生感动，身毛皆竖，而生起希有难得想，这是久习善根的明证。胜鬘又说：书中"所言"的佛功德，如是"真实"不虚的话，那你对我是大有恩德的，我胜鬘"应当"敬"修供养"。据梵文的本意，应译为"我当赐汝衣"。就是说：如果确如你（旃提罗）持来的书中所说的，那么，我送件衣料犒劳你。供养，不限于对尊长，对平辈或下辈也可以说供养。如供养三宝等，那应说："恭敬供养。"

丁二　感佛致敬

仰惟佛世尊，普为世间出，亦应垂哀愍，必令我得见。

胜鬘夫人聪慧利根，才闻佛的功德，就知道佛的功德不可思议。佛的出现世间，但有诚恳的信心，就可以见佛闻法，所以即诚恳地求佛降临。"仰惟"的惟，即思惟的意思。思惟父母、三宝，约尊敬的意思说，称为仰惟。如约自谦的态度说，称为伏惟。"佛"为一切世间所恭敬，故名"世尊"。当时，佛虽住舍卫城，然佛不单是为了舍卫城的人，而是"普为"一切"世间"而"出"于世的。佛既以大慈大悲为本，普为一切众生而出于世，即必然的慈悲普应，难道没有自己的份吗？所以，我以诚敬心、清净心，思慕佛的功德，佛是"亦应垂哀愍"的。垂是自上而下，哀愍，即慈悲。这是说：佛也应以慈悲心来下度于我，而"必令我得见"于佛的。这不但表示了胜鬘的信敬，更显出了胜鬘的利根，深刻理解大乘的深义。

即生此念时，佛于空中现，普放净光明，显示无比身。

上是感，这是应。佛是无感不应而从不失时机的。所以，"即"在胜鬘夫人"生"起求佛慈悲，使我得见的思"念时"，"佛"即"于空中现"身了。胜鬘居深宫中，因为她的诚信恳到，所以佛以神通来化，在高空出现。如来现身空中时，"普放净光明"。佛身生有丈光相；但在教化众生的时候，又时从毛孔眉间等放光明，以表示大法光明的普照世间黑暗。在清净的光明中，"显示"佛的"无比身"相。佛身微妙，无可为比。显示，即显现这无可比喻的佛身，而使胜鬘等得见。

谈到见佛，还可以有各式各样的：一、与佛同时出世而见佛，这是一般的。二、如胜鬘见佛，因胜鬘根熟，诚信求见，于是祇园的如来，即于定中以无作神通力来阿逾阇国的王宫上空。等到法会圆满，佛又放光，"足步虚空，还舍卫国"，可见这是如来乘通而来的。这样的见佛，不但是胜鬘一人见，宫女们也是见到的,这都是生在佛世的。如来涅槃后,即大多由众生自心所现见的。如遇到恐怖的时候,忆佛念佛,因而见佛的;或因定心清净,在定中见佛的;更有因思慕如来而梦中见佛的;或恍惚中见佛的。梦境,幻境,就是定境,也着重于自心所现。如《般舟三昧经》说:修般舟三昧而现见阿弥陀佛。行者即思惟:佛既没有来,我也没有去,纯由自心而见,所以自心见佛,自心作佛。这与生在佛世见佛,或感佛现通来化的见佛,略有不同。

胜鬘及眷属,头面接足礼,咸以清净心,叹佛实功德。

　　"胜鬘及眷属",如宫女等,同时见到空中显现的无比身。都一致地向佛行"头面接足礼",即是顶礼。以自己最尊的头面,去接触对方最低下的足,这是表示恭敬的最敬礼,是身业致敬。佛于空中现身,胜鬘和她的眷属在地上,怎能以头接触到佛足呢?依经末所说:"世尊放胜光明,普照大众,身升虚空,高七多罗树,足步虚空,还舍卫国。"可见佛还是从空而下到地上的。否则回去时,何必身升虚空呢?经中但说现身虚空,而没有说到地面,不过经文简略而已。"咸以清净心",这是意业致敬。"叹佛实功德",这是口业致敬。本经虽称胜鬘夫人说,但实不限胜鬘一人,胜鬘是个领导的代表者。见佛、礼佛、赞佛等,都是胜鬘和她的眷属所共作的。

　　上来约事浅说。如约义深说,那么胜鬘是无始来蕴界处中的胜功德相;悲心为本称女;总为菩提心。这是由于善知识的般若(母)方便(父)所熏发,成习所成性,如父母所生。远嫁阿逾阇国,即菩提心芽,为极难破除(不可克)的生死杂染所碍,未能还到故乡田地,如《法华》的穷子流浪一样。但菩提心熏习成熟,展转增胜,名利根易悟。这由于善知识的外缘熏发,菩提心功德增长,以有漏修慧,趣向临入于真如,即诚求见佛。刹那第一义空智现前,如来藏出缠而法身显现,名佛于空现。具无边称性功德庄严,即光明无比。以菩提心为主的胜鬘,及相应无漏心所功德的眷属,与如如法身契合,名为接足。三业相应,而称叹佛德,即宣示自证心境。这所以为佛所摄受,为佛所授记了。

甲二　正宗分

乙一　菩萨广大因行

以下是正宗分。正宗分判二大科:一、菩萨广大因行,二、如来究竟果德。约经中自说次第,可分为十五章,现在依义而另作如此判。菩萨的因行是广大的,如来的果德是究竟的。大乘是通因通果的,菩萨的因行是大乘,如来的果德也是大乘。约佛的果德,也名为一乘。若离大乘而另谈一乘,那是离因说果了。菩萨的因行与如来的果德是一贯的,修菩萨的因行,所以得如来的果德;依如来究竟的果德,所以发起菩萨广大的因行。本经特别地显示此意,足以纠正世俗似是而非的谬说,所以约此科经。

丙一　归信

丁一　赞佛德

菩萨广大因行,又分归信与愿行二科。学佛应先归依,然后再受戒、发愿、修行,这是一切佛法所共依的轨道。此下赞佛而求佛的慈悲摄受,即是诚信而归依。声闻乘中,受归依时说:“我某甲,从今日乃至尽形寿;归依佛,两足尊;归依法,离欲尊;归依僧,众中尊;为优婆塞,愿大德忆持慈悲护念。”归依处即三

宝。依本经说:三宝一体,法宝僧宝依如来而立,唯如来是常住,
是究竟真实归依处,故胜鬘专以如来为归依处。归依,即是依托
于他而得到救护的意义。归依文说:"愿大德忆持慈悲护念",
即求摄受与救护。信敬归依处,而请慈悲护念摄受于我,才是圆
满归依的意义。所以在这归信门中,先是赞佛德,其次是请佛慈
悲摄受。胜鬘虽久修大行,亲见如来(现证);然为了显示众生
的学佛次第,所以先申归信。但也可说:现证即是于佛(法僧)
而得证信,赞佛即显示自证的境地。

如来妙色身,世间无与等,无比不思议,是故今敬礼。

赞佛德中,先总赞。古德谓以此为赞佛的化身,与下一颂合
为赞法身德。这可能是这样的,因为胜鬘以至诚心感佛现身而
见佛,见此佛而赞此佛身;从所见明净无比的佛身,而深见如来
的真实功德。胜鬘所赞,当前现见的即明净的无比佛身。所以
直下赞叹说"如来妙色身"。如来为十号之一,即契证诸法的如
如实相者。妙色身,即色相微妙的佛身。《法华经》龙女赞佛
说:"微妙净法身,具相三十二。"与胜鬘所见所赞恰好一样。佛
是超世间而到达究竟的,所以现在"世间"的凡夫圣人,是从来
"无"有可"与"佛相"等"的。世间的一切法,也"无"有可以
"比"喻如来的。《华严经》说:佛身一切不可为喻。有时以虚空
比佛身,实际也还是不足为喻的。无人与如来相等,无法为如来
作喻。众生能知的心识,能诠的语言,也都不能缘了他、诠表他,
所以说是"不"可以心"思"口"议"的。无与等、无比、不思议,
赞色相微妙的如来身。如来有这样的微妙色身,"是故"我胜鬘
及眷属现"今敬礼"。

如来色无尽，智慧亦复然，一切法常住，是故我归依。

　　此下有三颂是别赞。一般都以三德赞佛，即一、智德，二、断德，三、恩德。真常大乘经的赞佛，也有三德，如《大般涅槃经》说：一、法身德，二、般若德，三、解脱德。般若即智德，解脱即断德。《涅槃经》称此为"三德秘藏"，这三德是不一不异、不纵不横的，总名为大般涅槃。胜鬘夫人见如来妙色身而别赞佛德，可约此三德解说。依本经说：圆具三德，即名"如来妙色身"。

　　别赞中，先赞法身德。赞叹佛德，也就是说明归依的对象。法身，旧有二说：一、佛有二种身，即化身、法身。佛有三身：即法身、报身、化身。这样，法身是二身或三身的一身。二、法身即佛身的总名。所以说二乘名解脱身，如来名法身。这样，法身是总摄佛身的。今应依后义说。"如来"法身的微妙"色"相，是"无尽"的。佛有无量相，相有无量好，如来色相光明是遍一切处的。但真常大乘经，特着重一"常"字。常住的，即是无尽、无断灭的。色相常住而无尽，如来的"智慧亦复"如此，也是常住而无尽的。一切法不外乎色与心；无漏心中，以智为主。这即是说：佛的心色都是无尽的。常住无尽的，才是究竟的归依处。所以接着说：如来大功德聚的"一切法"，都是"常住"的。"是故我"胜鬘及眷属等，至诚而"归依"真实常住的如来。

　　在这里可以附带说明的，是（因圆果满的）如来有色相呢，还是无色相的？这在中国古代，大有诤论。有人说：佛是无色的。有人说：佛是有色的。研究真常妙有的大乘经根本义，是宣说如来有色的。这是针对二乘而来，小乘如说一切有部等，说佛入无余涅槃，即灰身泯智，不可谈有色有心。如上座部等，说佛入无余依涅槃,色是没有了,但能断烦恼的净智是有的。这即是有心而没有物质的。与大乘近似的大众部说:"如来色身实无边际,……如来寿量亦无边际";"佛遍在";所以,入无余依涅槃(也可说不入涅槃的),不但有智,也还有色。大众部等和《法华》、《胜鬘》等经的思想极近。常住妙有的大乘,评破声闻乘者说如来涅槃是无色的,所以特重视"解脱有色"。本经赞佛的功德中说:"如来色无尽,智慧亦复然",即显如来有色义。《涅槃经》说:"如来舍无常色获得常色。"又如《涅槃经》(三)说:"言非色者,即是声闻缘觉;言是色者,即是诸佛如来解脱。"《大法鼓经》也说:"常解脱非名,妙色湛然住";又说:"诸佛世尊到解脱者,彼悉有色,解脱亦有色。"妙色湛然的如来解脱,显示了真常大乘的特色。如来的究竟果德是有心也有色的。这在一切众生,是本来具足此清净德相的,名为如来藏。所以说:"如来藏具相三十二。"这是佛法中妙有真常大乘的根本义,后来是多少修正(如《楞伽经》)了,但我们还是应该知道这一问题的真相的。

降伏心过恶,及与身四种,已到难伏地,是故礼法王。

此赞解脱德。众生为惑业系缚而受生死的苦果;佛能不为惑业所系缚而解脱生死得大自在,成解脱德。

"降伏",是使烦恼与染业不起。伏本是对断说的;伏是暂时的压抑不起,断是连根拔除,彻底解决。但经论中,也有名伏为(暂)断,以断为(永)伏的。这里说的伏,也是指究竟断说的。"心过恶",总指内心的一切过恶,主要的是烦恼根本。这一切都彻底地解决了,所以说降伏心过恶。

"及与身四种"，是说又降伏了依身的四种过恶。佛法所说的身，含义有狭有广。狭义的身，是身根；广义的身，是根身——五根都名为身的。或对口意说身；或对心说身。今对心说身，这是广义的。凡通于身口而表现于行动上的，都属于身，就有杀、盗、淫、妄的四种过恶。这四种过恶，在家的五戒、沙弥的十戒、比丘戒、菩萨戒，都以此为根本戒的；其他的戒，大都是这四恶的方便、眷属。但能究竟远离而清净的，唯有佛。远离身心的过恶，而究竟清净，即显示了佛的解脱德。

"难伏地"，就是佛地。佛有十力、四无所畏的大功德。所以能降伏一切，而不为一切所降伏，这因为"已"离去身心的一切过患，而"到"达佛地了。佛有此功德，"是故"我今敬"礼法王"！法王即佛，王是自在义。众生有惑业的系缚，所以不得自在。佛离一切系缚，当然于一切法得究竟自在，成大法王了。

知一切尔焰，智慧身自在，摄持一切法，是故今敬礼。

这是赞般若德。尔焰是印度话，译为所知，所知即心识觉了的境界。众生的心境是有碍的，仅能知道得少分。佛智于一切境界，无不圆满通达，所以说"知一切尔焰"。大众学者说："一刹那心了一切法，一刹那心相应般若知一切法。"所以通常说：佛有一切智，一切种智。"智慧身自在"，说能知的智慧，得于境自在。身，梵文为迦耶，意译为聚。智慧身，即智慧聚。佛有无量无边的智慧，所以称智慧身。智慧对境，固然是无不通达，而同时又能"摄持一切法"在心中。摄如镜子的摄取外境而影现于镜中；持是保持而不失义。佛于一切境界，能于一念心中现前，念念知一切法，从来是不忘失的（无忘失法）。所以或称佛智为大圆镜智。佛的大般若聚如此，"故今"向佛"敬礼"！

敬礼过称量，敬礼无譬类，敬礼无边法，敬礼难思议！

这一颂，结赞佛德。佛德无穷，赞是赞不完的，所以只好总结地赞叹一下。"过称量"、"无譬类"、"无边法"、"难思议"，都是形容佛德广大无边，而叹不能尽的。称是称轻重的，量是量长短的。这都是数量的多少，佛的功德超过了称量，不可以数量说的，如《净名经》说"无有量，已过量"。譬是比喻，类是类似，佛的功德，是一切不可为譬喻，一切不可为等类的，即前文所说的无比。无边是没有限际。世间法，在时空中是有限际的。佛的究竟功德法，是"竖穷三际，横遍十方"，是"无始无终"、"无边无中"的。思是心思，议是口议。佛的功德，是超思议的境界，不能以我们的心去思想，以我们的口去言说。佛德是赞叹所不能尽的，所以举此四义来结赞。

丁二　求摄受

哀愍覆护我，令法种增长，此世及后生，愿佛常摄受。

通常的归依，末后说："愿大德忆持慈悲护念"，也就是求摄受的意思。胜鬘夫人赞过佛德，接着就求佛摄受，所以这即是大乘的归信。"哀愍"，即悲愍。"覆护我"，即求佛护庇的意思。为什么请佛加被慈护呢？"令"我的"法种"，能得以"增长"！法种，是法身的种子。一切众生本有法身的种子，所以人人皆可以成佛，使本有的功能生长发展起来，才有成佛的希望。这就需要假借外缘的熏习引发，如归依、受戒等都是。真谛《摄论释》说：常、乐、我、净的四德，是法身的种子，为未来佛德的根源。求佛覆护,不是神教式的保佑,而是在佛的加被摄受下,自己去精进修学的!"此世",指现在,"后生",指未来。菩萨发心,尽未来际,所以说:不特现在,就是未来,也"愿佛"慈悲"常"常地"摄受"我!

我久安立汝,前世已开觉,今复摄受汝,未来生亦然。

佛认可胜鬘夫人的归信,所以就说:"我"很"久"就"安立"你了。安立与施设义同。我人在生死中;佛以佛法教化我们,引导我们,使我们安立于佛法中。如佛以发菩提心、行菩萨行教化众生,使众生发心修行,即名为安立在大乘中。佛久已用大乘法教化胜鬘,使她安立在大乘法中。胜鬘请佛现在、未来摄受她,佛推到过去,说在过去生中,就覆护你、摄受你了! 而且,胜鬘也不是现生才悟解如来的甚深义,"前世"也早"已开觉"——开悟过了。过去既摄受了你,现在又请求我,我当然"今"世"复摄受汝",就是"未来生"也还是这样。

我已作功德,现在及余世,如是众善本,惟愿见摄受! 尔时,胜鬘及诸眷属头面礼佛。

修学大乘法者,在这一生中,好像是初学的,说不定过去已久学大乘了,不过在生死中流转,暂时忘却。如遇佛菩萨善知识,一经指点,立即就能了解复得过去的修学。现在,胜鬘经佛指示,即知过去生中长期修学,所以随即又对佛说:"我"在过去生中,确"已作了"种种的"功德",可是不以过去所作的功德为满足,"现在"以"及"未来的"余世",还要在佛法中前进修学。我以"如是众"多的功德"善本"——善根,不断地熏修增进,故

"惟愿"佛陀能慈悲常加"摄受"！

　　"尔时"，就是归信圆满的时候。佛既慈悲而应允摄受胜鬘，所以"胜鬘及诸眷属"——宫女们，为了感谢佛的摄受，诚敬地"头面礼佛"。

　　佛经可从不同的意义去看：从浅处看，胜鬘见佛、归佛、礼佛、赞佛，求佛摄受，佛摄受她。从深处看，胜鬘因见佛而赞叹如来，是她从悟证到诸法如如的真理，胜解佛的功德，所以称性赞叹，即吐露她的悟境。正因她所悟的，能正见如来究竟德相，所以佛就摄受她，进而为她授记。

丁三　蒙授记

戊一　胜鬘得记

己一　记因

　　授成佛记，可有通别两种：泛说一切众生皆可成佛，这是通记；若专说某一众生得佛，是别记。也可说是未发心授记与已发心授记。另有现前授记与不现前授记。今胜鬘是已发心而在佛前授记。此科分二：先明胜鬘得记。

佛于众中即为授记：汝叹如来真实功德，以此善根，当于无量阿僧祇劫，天人之中，为自在王，一切生处，常得见我，现前赞叹，如今无异。当复供养无量阿僧祇佛，过二万阿僧祇劫。

　　得记中，先授因，即预记胜鬘未来的因地。这时，"佛于"大"众中，即为"胜鬘"授记"说："汝"深解佛的功德，而称"叹如来"所有的"真实功德"。你即"以此"叹佛功德的"善根，当于无量阿僧祇劫"，在"天人之中，为自在王"。劫即时间，有小、中、大的三类不同。阿僧祇的意思,是无量数,为华严数量中的第一百二十六位。天人中为自在王,是说她未来因地所得的果报。胜鬘还要经长期的修行才成佛,于此长期——无量阿僧祇劫中,都是在天人中为自在王的。一般说三大阿僧祇劫成佛;但在大乘经中,常说要经无量无数的阿僧祇劫呢!菩萨救度众生,以神通愿力,虽处处都可受生;但约菩萨大行所感的果报说,不但不到恶趣去,在天人中也永久是自在的领导者。如维摩居士:"若在长者,长者中尊;若在居士,居士中尊;若在刹利,刹利中尊;若在婆罗门,婆罗门中尊。"菩萨为了摄化众生,常居领导地位,所以都在人天中作王。经中说:十信为铁轮王,十住为铜轮王,十行为银轮王,十回向为金轮王;十地中,初地为四大天王,二地为忉利天王,三地为焰摩天王,到十地菩萨为四禅天王——这是说胜鬘未来修行期间的殊胜果报。

菩萨的人天中作王,不是为了享受。胜鬘将来的"一切"所"生处,常得见"到"我"佛;每次见佛,都"现"于佛"前",从甚深的悟境中,"赞叹"佛的功德,"如今"胜鬘的赞佛,毫"无"别"异"。佛又对胜鬘说:在这长期的修习中,"当复供养无量阿僧祇佛"。供养,不仅是物质的供养,真实的大供养,是要如佛所说,依着去行。见佛闻法,而照着去行,即是供养佛的真意义。供养这么多的佛,再经"过二万阿僧祇劫"的长时间,就可以成佛——这是说胜鬘未来因中的长期修习。

己二　授果

当得作佛,号普光如来应正遍知;彼佛国土无诸恶趣、老、病、衰、恼不适意苦,亦无不善恶业道名。彼国众生,色力寿命,

五欲众具，皆悉快乐，胜于他化自在诸天。彼诸众生，纯一大乘，诸有修习善根众生，皆集于彼。

授果，即预记胜鬘的圆成佛果。成佛时，必有化主、化土、化众、化法，今即依此四而分别地记别。先说化主：到那时，胜鬘"当得作佛，号普光如来应正遍知"。因胜鬘见佛时，"佛于空中现，普放净光明"；她即由此见佛赞佛，增长成熟功德善根，故成佛时，名为普光。如来、应、正遍知，是佛的通号。佛的通号，详有十号，简称世尊；经中常处中说此三名。如来，梵语多陀阿伽度，即契合诸法如如而成就的意思。应，梵语阿罗诃，即阿罗汉，常译为应供，其实含有应杀贼、应无生、应供的三义。二乘应受人天的供养；佛应受世出世间一切凡圣的供养。正遍知，梵语三藐三佛陀，或三菩提，即正确而普遍的觉者。

次说化土："彼"普光"佛"的清净"国土"中，是"无诸恶趣"，唯有人天。在人天中，又没有"老、病"与"衰、恼"，及"不适意"等"苦"。秽恶世界的众生，有生、老、病、死的四苦，净土的众生，虽还有生死，但没有衰老与疾病。有情的身体，是四大和合的。或依身的四大粗劣；或环境、气候、饮食等不适；或烦恼增盛而多欲多忧，就不免为老、病痛苦所缠绕。净土中，依身的四大精妙；环境、气候、饮食等都好；烦恼又轻微，自然就没有老病苦了。衰是外物的衰落，如经济从富有而贫乏等。恼是心中的热恼。此外，净土中无爱别离、怨憎会苦，所以也没有人事的不适意。上来是说净土中无苦果，下说无苦因。因为在将来的普光佛国中，"亦无不善恶业道名"，不善恶业道，即杀生等十恶业道，及十恶业道的加行、后起等。净土众生，以法自乐，修学精进,只行善,不作恶,所以连恶业的名称,净土中也是没有的。

次说化土中的化众:"彼"净佛"国"土中的"众生","色"身是健美的;体"力"是充沛的;"寿命"是长久而不中夭的。此三者圆满,即化众报体的圆满。彼国众生,不特报体是圆满的,就是受用的"五欲众具",也"皆悉"微妙"快乐"。五欲,是色、声、香、味、触中极美妙的。衣食行住等所需的一切,叫做众具。五欲与众具,学佛者大都看作毒蛇猛兽,而主张厌离五欲,少欲知足。其实,五欲与众具并不一定是危险品,问题在我们自己能否自主地受用,不被它所转。净土的五欲众具,当然是胜于秽土的;但这是净土的庄严。由于众生的烦恼轻微,虽深入于声色娱乐中,而能不为境界所转,不成为堕落的原因。所以,欲在我们的心中,而并不在外物的境界。净土中五欲众具的精妙,"胜于他化自在诸天"。在我们这个世界中,五欲最好的,即欲界第六天中的他化自在天。到色界初禅天,即没有了香、味的受用;二禅以上,不再受用五尘,还说什么五欲! 所以,唯有他化自在天的五欲,最为微妙快乐。净土中的五欲还胜过于它,可见是更加微妙快乐了。经中常说净土的微妙五欲——声香光明,美味妙触,七宝庄严,园林池沼,这是适应欲界众生的欲求而说,以此方便而引导众生。论到究竟成佛的净土,遍法界身,住寂光净土,哪里还能作这样的描写呢?

次说净土中的化法。由于境遇的不同,法门也就有差别。在"彼"普光如来净国土中的"诸众生",所修学的,是"纯"粹的唯"一"的"大乘"教。释尊出现在娑婆世界,所以说有三乘。特别是当时的印度充满了自利的、独善的、苦行的学风,为适应这类众生的根性，所以说声闻、缘觉法。如根性利，富有利他的意向，当然就专以大乘法教化了。净土的众生，大抵是唯一大乘。然论到一大乘，也还有不同：有从二乘回向入大乘的，到底不免带有自利的习气，以智证为先。有从天乘而发趣大乘的，常含摄有神教的秘密因素，所以都以信仰为先。有从人乘而直趣大乘的，即所谓人本的大乘佛法，都特重人间的利乐悲行。普光如来的净国土中，以人乘直趣大乘而兼摄得天行一分。这一纯一大乘的净土中，"诸有修习善根"的"众生，皆"随愿行而来"集于彼"。因为胜鬘在因地修菩萨行时，与广大的众生结法缘，所以到成佛的时候，过去被她所摄受、所教化的众生，自然就集彼国中，成为她的化众。

戊二　大众得记

胜鬘夫人得受记时，无量众生诸天及人，愿生彼国，世尊悉记皆当往生。

当"胜鬘夫人得"到"受记"的"时"候，被胜鬘所摄受的"无量众生——诸天及人"，也都发"愿"要"生"到"彼国"土去。当时，胜鬘在王宫中，宫女们是她的眷属。因佛于空中现，又有诸天来参预法会。他们都要生到彼国，面见普光如来，听闻正法。"世尊"见他们有这样的愿心，也就都为他们授"记"，说他们"皆当往生"。这不但是普光佛的慈悲愿力，摄受众生；主要是由于这些众生与佛因中有深切的因缘，同愿同行，才能往生佛土。《维摩经》说："直心是菩萨净土，菩萨成佛时，不谄众生来生其国"等，也是这个意思。这不是说：由佛修成净土，让大家发愿往生，而是如来在菩萨因地中，以种种法门教化、摄受众生，众生随菩萨修学。净土，由于佛的成就，也要有同愿同行的大众，共同发愿、修行才能实现。现在修净土行者，每每只知道有净佛国土可去，不知随菩萨发愿修行。这等于但求果实，不事耕耘，净土怕还远呢！

丙二　行愿

丁一　受十大受

戊一　胜鬘受戒

己一　受戒仪

归依以后，应发愿修行。既立志大乘归依，应受大乘戒、发大乘愿、修大乘行。此下十受、三愿、摄受正法的三章，即是大乘行愿。先明受十大受：上受约能受说，是领受、承受、禀受；下受约所受说，即所受的戒。十大受，唐译作十弘誓。因为，受戒以发愿要期遵行为相的；所以大乘的三聚戒，即愿断一切恶、愿度一切众生、愿成熟一切佛法。约受戒说，即愿；约持戒说，即行。

大乘戒与声闻戒不同：一、通戒与别戒：释尊适应时宜而制的戒是别戒，如在家者受五戒，沙弥沙弥尼受十戒，式叉摩那受六法戒，比丘比丘尼受具足戒。不但有浅深层次，而且是男女别受的。七众弟子，就是约所受戒的不同而分。菩萨戒是通戒，信佛的七众弟子都可以受。如先受五戒，再受菩萨戒，即名菩萨优婆塞或菩萨优婆夷；沙弥受菩萨戒，名菩萨沙弥；比丘受菩萨戒，即名菩萨比丘。菩萨戒，是不问在家出家，男女老小，为一切发菩提心者所通受。二、摄律仪戒与三聚戒：声闻七众所受的是摄律仪戒,着重在防非止恶。此上,虽还有定共与道共戒,但不是由受得的,也还是着重于离恶的。菩萨戒,除摄律仪戒外,还有摄众生戒、摄正法戒。菩萨以化度众生为主,所以以摄化众生为愿行,受持不犯。学菩萨法而成佛,不是离染不作就算了,如园地中,不但是拔掉莠草,还要种植有用的植物。所以,菩萨应广学一切佛法,圆成一切功德,非常的积极。菩萨戒的内容,有这三方面,即显出大乘的特色。三、受戒仪式:声闻七众戒,都要从师受,特别是受具足戒,要有三师七证等,是极重仪式的。菩萨戒即不重仪式。《菩萨璎珞本业经》说有三品受戒:上品从佛受,这是顶难得的。中品从佛弟子受。下品,如佛不出世或佛过去了,千里内无佛弟子可师,即在佛像前受。甚而没有佛像,依《普贤观经》说,可观想释迦佛为和尚、文殊为阿阇黎、弥勒为教授,即可受戒的。无佛无佛弟子时,虽可在佛像前或观想佛受戒,但如有佛弟子时,仍应从佛弟子受戒为宜。四、新得与熏发:声闻戒可说是外铄的,大乘戒可说是本有而熏发的。如受七众戒,经受戒仪式而得戒,犯了根本重戒,戒就失了。同时,声闻戒是尽形寿的,一期的生命结束了,戒也随之失去。所以声闻学者,或以戒体为无表色,或以为不相应行。接近大乘的经部师,以为是心相续中的思功能,也还是新熏的。菩萨戒是自心本具的,所以《璎珞本业经》说:"一切菩萨凡圣戒,尽心为体;心无尽故,戒亦无尽。"《梵网经》也说:"金刚宝戒,是一切佛本源,一切菩萨本源,佛性种子。一切众生皆有佛性;一切意识色心,是情是心,皆入佛性戒中。"这可见,众生本具如来藏心中,本有防非止恶的功能,有慈悲益物的功能,有定慧等无边净功德法的功能。受戒，不过熏发，使内心本有的戒德长养、发达而已。所以，心为戒体，一受以后，即不会再失。死了，戒还是存在。犯了重戒，或者也说失了，但不妨再受。菩萨初发心以来，自心的戒德日渐熏长，现在再受戒，也不过以外缘熏发，使它熏长成熟而已。五、关于戒条：比丘戒，通常说有二百五十戒，其实，如僧祇律本仅二百十八；而旧传有部律，凡二百六十戒；仍可说大体相近。菩萨戒，如《梵网经》为十重四十八轻戒；《瑜伽论》为四重四十三轻戒，出入很大；但重戒也还是大致相近的（见三十九页表）。一般受戒，以为一条条地受。其实，受戒而引发内心中的防非止恶等的功能，决不限于条文的，决非戒律中没有说到的就一定可做。如酒戒，佛弟子从居士到比丘，都是要受持的；可是没有说到烟，也没有禁止鸦片、海洛因等毒品。有人就以为：佛没有制烟戒，即不妨吸烟。不知佛在世时，还没有吸烟及鸦片等毒品的恶习，所以未制。如从佛制饮酒——麻醉剂，有害身心来说，这当然也应禁止，不可以吃。戒律的明文规定，不过应机而择要的举例而已。菩萨戒，经论所说多少不同，也应作如此理解。今胜鬘受十大戒，戒条虽少，而包括的意义很广。

尔时，胜鬘闻受记已，恭敬而立，受十大受。

先说胜鬘受戒的仪式。"尔时"，即那时候。"胜鬘"夫人"闻"佛为她"受记"以后，她就"恭敬""而立"在佛前，发愿"受十大受"。受戒，一般是恭敬而跪着受的，今胜鬘立着，这也许因佛在空中的缘故。一般受戒，先由戒师为作羯磨，问受戒的："能持否？"受戒的回答："能持。"但现在佛没有说，胜鬘即直说要受什么，这可见胜鬘是深入了佛法，熟悉菩萨的戒法。而且，受菩萨戒,佛像前也可以受,观想也可以受,这有谁为作羯磨呢?胜鬘所面对的是乘通而现的佛,实与观想受戒等类似。所受的十大受,即约三聚戒为三类:前五是摄律仪戒,次四是摄众生戒,后一是摄正法戒。

己二　受戒事

庚一　摄律仪戒

世尊! 我从今日乃至菩提,于所受戒不起犯心。

　　这是摄律仪戒的总相。胜鬘对佛立誓说:"世尊! 我从今日"起,一直到"菩提"场成佛为止,在这长期修学中间,对"于所受"的一切"戒",决"不起"一念的毁"犯心"。犯心都不起,当然不会有毁犯的事实了。发心受戒的,本来都可能不犯。但由于内心的意乐不净,不能从起心动念处用力;久而久之,烦恼日强,戒力也日渐薄劣,于是乎不能严持而犯戒了。大乘的特重意戒,是极为重要的。如对所受的戒能做到不起犯心,才算净戒圆满。

世尊! 我从今日乃至菩提,于诸尊长不起慢心。

　　本来,戒最重者,是杀、盗、淫、妄。如《梵网》、《璎珞》的十重戒,都先制杀等。但瑜伽戒及本经所受的十戒都没有说到,这不是不受此戒,实因这是七众共制的戒,所以在菩萨戒中可以略而不说。"诸尊长",在家的,即父母、伯叔、师长等;出家的(佛也在内),如和尚、阿阇黎、上座、大德等。佛教一向尊重上座,所以对于尊长,要生恭敬心,"不"应"起"轻"慢心"。近如自己师长,远如过去的大德。有了轻慢心,即但见过失,不见功德,会觉到他们也不过如此。从轻慢尊长心而发展下去,会生起邪见,抹煞一切。毁谤三宝,谤大乘法,都从此慢心中来。这在《梵网经》中,是毁谤三宝;《瑜伽论》是谤菩萨法藏。对于尊长的慢心,成为修学大乘法的最大障碍,所以应谨护而不犯。

世尊! 我从今日乃至菩提,于诸众生不起恚心。

"诸众生",虽泛指一切,而主要的是人。"恚心",即嗔心,与此相近的,如忿、恨、害等,与慈悲心相反。菩萨以慈悲心为本,若以嗔心对众生,缺乏慈悲,即失大乘与菩萨的意义。声闻法的大患是贪心,心起贪染,就难于出离世间。大乘法的大患是嗔心,心起嗔恚,就不能摄受众生。所以大乘法有忍波罗密多,以防制嗔心。于众生起嗔恚心,《梵网》、《瑜伽》,都有此重戒。

世尊! 我从今日乃至菩提,于他身色及外众具,不起嫉心。

菩萨发心要使一切众生都得福乐。所以对众生所有的福乐,应心生欢喜。不应如一般人那样,想自己比别人好,对于别人的福乐生嫉妒心。因此,胜鬘说:我"于他身色及外众具,不起嫉心"。他身色,指众生的身体康强,相好庄严。外众具,指众生所有上好的衣服、饮食、住宅,以及种种什物等。对这些,都不起嫉妒心。此戒,等于《梵网》和《璎珞经》的"自赞毁他"戒。自赞毁他,就是由于不能随喜他人的好事而引起;根底,即是嫉妒心。

世尊! 我从今日乃至菩提,于内外法不起悭心。

胜鬘说:我"于内外法不起悭心"。内外法,可作二释:一、内法,指自己的身体;外法,指身外的饮食衣物等。二、内法,指佛法说;外法,指世间学术技能说。菩萨所通达的一切法,都是为了一切众生。举凡世出世法,有人来求,菩萨不应有悭恪不舍的心。悭恪不舍,即失去菩萨的精神了。

上面讲的四条摄律仪戒,一是于尊长起慢心;二是于一般的众生起恚心;三是于他人的起嫉心;四是于自己的起悭心。前二约尊卑说,后二约自他说。菩萨以利益众生为前题,如毁犯了这四戒,即失菩萨戒。杀、盗、淫、妄等四根本戒,确然是重要的,但还共二乘。此慢、恚、嫉、悭四心,为利益众生的最大障碍,为菩萨的不共重戒。在《梵网经》中,属于十重戒的后四;也即是《瑜伽》菩萨戒的四他胜处法。今对列如下:

《璎珞本业经》	《梵网经》	《瑜伽论》	本经
(十不可悔戒)	(十重波罗提木叉)	(四他胜处法)	
杀————————同			
盗————————同			
淫————————同			
妄语———————同			
说菩萨罪 ╳ 沽酒			
沽酒　　说菩萨罪			
自赞毁他———————同————————————同·················嫉
悭————————同————————————同—————————悭
嗔————————同————————————同—————————恚众生
谤三宝——————同————————————谤菩萨藏··········慢尊长

庚二　摄众生戒

世尊！我从今日乃至菩提，不自为己受畜财物，凡有所受，悉为成熟贫苦众生。

以下有四戒，属于摄众生戒。胜鬘宣誓说："我从今日，乃至"成"菩提"，决"不自为己受畜财物"。畜，与蓄同。一般人的蓄积财物，是为了自己，为了自己的家庭。为自己而蓄积财物，为现社会一切罪恶的根源。声闻乘中，出家，即舍弃自己所有的一切财物，根本否定了私有的经济，不敢聚蓄。但菩萨不应像声闻比丘的少事少业少希望住，为了救度众生，所以有积蓄财物的必要。不过菩萨的积蓄财物，不是为了自己，是"凡有所受"的，一切都"为"了"成熟贫苦众生"。以财物去救济那些贫苦的众生，众生得到了救济，就可以摄化他们，使他们成熟佛法的善根。初发菩提心时，要有这样的愿心：凡属于自己所有的一切，一切都施舍而属于众生；随众生的需要而施与一切。但这不是说，把所有的财物一次布施完了就算事（这就类同小乘了）。这些财物，还是要去经营它，发展它，但这是为了众生而经营，不再看作自己的，自己仅是一管理者。除了自己的生活——合理的消费而外，适应贫穷众生的需要而随时布施。菩萨布施波罗密多的真精神，是社会主义心行的实践。

世尊！我从今日乃至菩提，不自为己行四摄法，为一切众生故，以不爱染心、无厌足心、无罣碍心，摄受众生。

"四摄法"是：布施、爱语、利行、同事。菩萨要摄受众生，非实行这四法不可。布施，是用财（经济）、法（思想）去施给众生，众生受了布施,自易接受菩萨的指导。爱语,是凡有所说,都从众生着想,发为亲爱的语言;不得发粗恶声,盛气凌人。人是有自尊心的,欢喜听好话的。利行是:菩萨作事,都要为众生的福利打算,肯帮助人得利益,众生自然欢喜,乐意接受菩萨的教化与指导。同事,是说菩萨要以平等的身份,与众生站在同一阶层上来共同工作。如维摩诘,入刹帝利中,就作刹帝利事,于是能领导刹帝利;入农工中就作农工,于是能领导农工。这四摄,不但菩萨非实行不可,世间的任何团体组织,乃至帮会的领导者,也是需要这些的。如合不上这四条件,就是家庭、师徒间,也会涣散而貌合神离。有了这四条件,人就都会摄聚团结起来,所以这是想摄受领导众生所必备的条件。但世间人的实行四摄,是为了自己或自己这一部分人的利益,是为了要作领导者,才使用这些方法去吸引组织别人。菩萨是"不自为己"的利益——领袖欲,而是"为一切众生"的福乐。菩萨要教化众生,就必须要具备四摄。所谓"未成佛道,先结人缘"。与人结缘,就容易教导人学习佛法。菩萨行四摄法,是为了利济众生,因此要以三种心去行:一、"不爱染心":父母、子女、师徒、眷属等,虽也有少分的四摄行,但这是出于私欲的爱染心。菩萨不应如此,否则爱染心重,就会党同伐异,甚至曲解对方,丑诋对方,而为自己方面的错误辩护。二、"无厌足心":菩萨的发心是广大的,不能因为摄受了一些众生,就心满意足起来,应有摄受一切众生、度尽一切众生的宏愿。三、"无罣碍心":菩萨应依般若波罗密,而心无罣碍,如有执著、有罣碍,这对于摄受众生就成为大障。"摄受众生"一句,通贯上三种心,即菩萨应以"无爱染心摄受众生","无厌足心摄受众生"，"无罣碍心摄受众生"。以此三心而行四摄，是菩萨摄众生戒的要行。

世尊！我从今日乃至菩提，若见孤独幽系疾病，种种厄难困苦众生，终不暂舍，必欲安隐，以义饶益，令脱众苦，然后乃舍。

上二戒，重在摄受众生；以下二戒重在菩萨救度众生。胜鬘说：我从此以后，"若见孤独幽系疾病，种种厄难困苦众生，终不暂舍"。年小而无父母的叫孤；年老而无子女的称独。幽，是被幽禁于监牢里；系，是为绳锁等所系缚。疾病，即生理和心理的种种病痛。孤独、幽系、疾病，这三类，都是世间的大苦。此外，还有种种：厄与厄同；战争、水灾、火灾等，是厄难；贫穷、无知识等，是困苦。菩萨见到这些苦痛的众生，无论有否力量援助，决不起暂时的舍弃心——由他去，谁管得了。因为菩萨以救济众生为事业，所以对苦痛众生，"必欲安隐"（隐与稳同）——必定要使他得到安乐。这需要"以义饶益"，用合理的义利使众生得利益，"脱众苦"。众生脱离痛苦，得到安乐，菩萨"然后乃舍"。菩萨是应该救济众生的，但没有救济众生的能力和不想救济众生，这是不同的。菩萨可能还没有能力去救济，然而也决不会舍弃众生，始终存有救济众生的心，觉得非设法使他脱离众苦才行。

世尊！我从今日乃至菩提，若见捕养众恶律仪，及诸犯戒，终不弃舍，我得力时，于彼彼处见此众生，应折伏者而折伏之，应摄受者而摄受之。

　　众生中,有住于恶律仪的。律仪的梵语是三波罗,是护的意思,护即防非止恶,遮灭罪恶的意义。受了具足戒等,即名得律仪,有了护令不犯戒的功能。恶律仪,其实不是律仪,由于众生的立意作恶,内心有了罪恶力量,反而能遮断一切善事。佛弟子的生活来源,应建筑在正当职业上。凡是依赖杀盗淫妄而生活的,就是恶律仪者。阿毗达磨论说十二恶律仪,如《俱舍》(十五)说:"屠羊、屠鸡、屠猪、捕鸟、捕鱼、猎兽、劫盗、魁脍、典狱、缚龙、煮狗、及置弶等。"《涅槃经》说十六恶律仪,《杂集论》十五恶律仪,但现在只简略地说"若见捕养众恶律仪",捕如捕鱼捕鸟等;养如豢养猪羊等。经论中说的十二、十六,都还不过是举例而已,实际上,这类的事情是很多的。扼要地说,凡是依杀盗淫妄为职业而生活的,都是恶律仪。如屠者(养者也是)、猎者、刽子手等,是杀业类;土匪、走私、漏税、聚赌抽头、贪官污吏,是盗业类;卖淫、设妓馆,是淫业类;纵横捭阖,靠宣传吃饭等,是妄业类。还有酿酒、沽酒、贩卖鸦片、巫卜等。总之,凡是作于众生有害的事业来解决生活,都是恶律仪。又有众生,虽非恶律仪,但是"犯戒"者,不能专精守持而犯戒。菩萨如见到恶律仪及犯戒的,不因为他们的罪恶而弃舍,反而要发心"终不弃舍"。但犯戒已不容易摄化,而恶律仪者,这是他的生活与改业问题,更不易得到解决。虽不能一一地为他解决,应这样地存心:等"我得力时"一一地济度他。得力时,即在佛法中得到力量,而堪能感化的时候;也是在思想或政治上有了力量,能纠正恶律仪的众生,使他改营正常职业的时候。到那时,应"于彼彼处"所,"见此"恶戒犯戒的"众生,应折伏"的即加以"折伏"。因为众生刚强难服，不能纯以德服，菩萨就使用威猛强力的手段，打击他，制伏他，使他们不敢作恶。如"应摄受"的，即加以"摄受"，这是用柔和的手段，以恩德去教化他们。折伏与摄受，同时出于菩萨的慈悲，教化众生的方法。方法尽管不同，只要出于悲心，能使众生因此而离恶行善，即是菩萨的正行。如应折伏而不折伏，纵恶养奸，即犯菩萨戒。

何以故？以折伏摄受故，令法久住。法久住者，天人充满，恶道减少，能于如来所转法轮而得随转。见是利故，救摄不舍。

对恶律仪及犯戒人，"何以"要"折伏摄受"呢？因要这样，佛"法"才能"久住"世间。如世间的恶律仪及犯戒者多，那就是恶法增长，善法损减。要想佛法在这样的人群中发扬起来，那是不可能的。因为大家都作不律仪与犯戒，做的人多了，时间长了，习以为常，反而要把不律仪及犯戒看作当然的行为，连辨别是非心也没有了。例如中国古代女子缠脚，这风气盛行的时候，谁也不觉得它不对，如父母而不为自己的女儿缠足，还要引起亲属邻里的指责。如前清鸦片盛行时，不但以鸦片待客，连小儿也就学会了。恶律仪与犯戒的人多了，必然地会善法减少，恶法增长。恶因恶果，人间走向堕落，学佛法会被讥笑，当然就难得存在。所以，菩萨从护持佛法的立场，要发心折伏摄受众生，以达到正法久住的目的。正法久住于世间，善因善果，所以"天人充满"，地狱、畜生、饿鬼等"恶道减少"。佛法虽普为一切众生，但修学佛法，至少要得到暇满（离八难）的人身，或进而至于天才行。所以如天人充满，即"能于如来所转法轮而得随转"。如来所转法轮,约声闻说,是四谛法轮;依本经说,即一乘的无作四谛法轮。法轮,是把佛法喻如轮子一样。佛以所悟证的和所得的功德教化众生,而使它于所化的众生身心上转;即使众生也因而证悟,圆满种种功德,这就称为转法轮。今菩萨发心,使世间人天充满,即能如佛所转的法轮而转。这样,佛法即久住世间,而众生也普得利益了。胜鬘说:我"见是利故",于恶律仪和犯戒的众生,要发心"救摄不舍"。依本经所开示,唯有发心救摄众生,才能护持佛法。这对于不能多做救摄众生事业的中国佛弟子,该是怎样的重要呀!

庚三　摄善法戒

世尊！我从今日乃至菩提,摄受正法终不忘失。何以故？忘失法者,则忘大乘;忘大乘者,则忘波罗密;忘波罗密者,则不欲大乘。若菩萨不决定大乘者,则不能得摄受正法欲,随所乐入,永不堪任越凡夫地。

此为摄善法戒。胜鬘先标示摄正法戒说:从今以后,我"摄受正法,终不忘失"。本经以下的义理,都从摄受正法而来,所以应特加注意。什么是摄受正法呢？如释尊成道后,觉得世间一切法没有可以为佛所依的;佛因证正法而成佛,所以说:"诸佛于正法,恭敬尊重,奉事供养,依彼而住。"(《阿含经》)这可见,正法是佛所自证的,也即是真如、法性、实相。这是不偏不邪的究竟法,所以名正法。又如《华严经》说:"正法性远离,一切趣非趣。"趣,即六趣轮回;非趣,即二乘涅槃。正法性是远离凡夫的生死,小乘的涅槃;生死与涅槃,于正法性中皆不可得。又如《妙法莲华经》，依梵语 Saddharma-Puṇḍarīka 也可译为正法芬陀利（芬陀利是白莲花）。如竺法护的译本，名《正法华经》。本经说一乘，《法华经》也说一乘，而一乘的根源，即正法。"诸法实相者，言辞相寂灭"，这是正法的说明。佛证此法而成佛，即一乘与佛乘的宗本。所以摄受正法一句，应特别留意。摄受，可通深浅：初发心的，如听闻、摄持而领受、记忆在心，也名摄受。如《璎珞经》说："一切诸法门，摄在我心中，念念不去心。"然从此深入，如精勤修行、证悟而实现正法，即是究竟的摄受。总之，为正法而学习、修行、悟证，都名为摄受正法。

次说明摄受正法的重要。"何以"需要摄受正法呢？因为，"忘失"正"法"，"则忘大乘"；若"忘大乘"，"则忘波罗密"。这里说，忘失正法，即忘失三事：正法、大乘、波罗密。正法，虽可摄正行，而着重于佛所自证的诸法实相，这是学佛的根本目的，不能忘失。如忘失了，即忘失大乘。大乘虽通摄一切，而着重于菩萨因行：发菩提心，修六度四摄行。如忘失了大乘，也就忘失波罗密。波罗密，此云到彼岸，有六波罗密、十波罗密、八万四千等波罗密，以及佛果的四波罗密。这里，可约究竟成办的果德说。这是境行果次第：忘失理性，即忘失因行；忘失因行，即忘失果德，一忘即一切忘了。

上明忘失三事，此下更说二种不欲："忘波罗密者，则不欲大乘"，这是说没有大乘的胜解欲，欲即愿欲。如没有重视，甚至完全忘却波罗密的如来果德，这当然不想修大乘行，于大乘不起胜解的愿欲。"若菩萨不"能以胜解心，"决定"趣入"大乘"，"则不能得摄受正法欲"，这是说没有正法欲。不想趣入大乘，这对于如来自证的正法,也就不求摄受了。既不决定趣入大乘,也就不能"随所乐"而悟"人"圣果——不能入圣,所以也就"永不堪任越凡夫地"。本经特重于摄受正法——受持如来自证的正法,是有甚深意义的。不知此正法,说妙谈玄,哪里能理解得一乘的心髓!

三事二欲,可以多种不同的方言去说,今且约此意。

我见如是无量大过,又见未来摄受正法菩萨摩诃萨无量福利,故受此大受。

胜鬘的所以"受此大受",即由于"见"到忘失正法的"如是无量大过"。同时,"又见未来摄受正法"的"菩萨摩诃萨",有"无量福利",即摄受正法,就能趣大乘行,得波罗密果等。菩萨摩诃萨,为菩提萨埵、摩诃萨埵的略称。菩提萨埵,意译为觉有情,即求得如来正觉的有情。摩诃萨埵,意译为大有情。发大愿,修大行,断大见,趋大果,于一切有情中大,所以又称为摩诃萨埵,这是初地以上的大菩萨。

戊二　摄众同行

己一　胜鬘立誓

法主世尊! 现为我证,唯佛世尊现前证知。而诸众生善根微薄,或起疑网,以十大受极难度故,彼或长夜非义饶益,不得安乐,为安彼故,今于佛前说诚实誓。

菩萨修行,本不为自己,重于教化大众。胜鬘受十大戒,在阿逾阇国及当时会众中,起着领导作用。为了摄引大众,都能受此大戒,所以于佛前立誓现瑞。

　　法,是从佛自证而宣说出来的,所以称世尊为"法主"。《阿含经》常说:"佛为法根,佛为法本",也即是此义。胜鬘说:我受十大受,如来"现"前"为我证"明,也"唯"有"佛世尊"才能"现前证知",证知我确能受戒而持行。"而诸众生"中,有"善根微薄"的,听说受此十大戒,"或"者会"起疑网","以十大受"是"极难度"的。疑惑是网一样的,为疑网所缠缚,即不能正信佛法了。度,即到彼岸,也是究竟成办义。十大受过于广大,本是不容易究竟圆满的,所以善根微薄众生,会疑而不信,不但自己不能受戒修行,还要疑菩萨也不能受持,即还要毁谤正法。所以"彼"疑谤的众生,"或"者要因此而在生死"长夜"中流转不息,常起种种"非义"的不"饶益"事,"不得安乐"。谤法的罪重,会历劫受恶果而得不到安乐。所以胜鬘于受十大戒后,"为"了"安彼"善根微薄众生,"今"又"于佛前说诚实誓"。诚实誓,即真诚的誓愿。

我受此十大受如说行者,以此誓故,于大众中,当雨天华,出天妙音。

　　立誓说:如"我受此十大受",而真能"如说行"的,即"以此"诚实的"誓"言"故,于大众中",空中"当雨(落下)天华",发"出天"上的"妙音"。华喻发菩提心,受十大戒,将来必得大果。妙音声是有所诠表的,表示胜鬘所说的誓愿必有实行,所以求雨华出音来证明。

　　这类誓愿,即谛语,本经谓之为诚实誓,大乘及本生谈中多载此事。菩萨由于自心清净,功德庄严,特别是言行一致,所以能依誓言而现不思议事。

己二　大众除疑

说是语时，于虚空中雨众天华，出妙声言：如是如是，如汝所说，真实无异。彼见妙华及闻音声，一切众会疑惑悉除，喜跃无量而发愿言：恒与胜鬘常共俱会，同其所行。

　　胜鬘夫人"说是语时"，"虚空中"即"雨众天华"，并发"出妙声"说："如是如是，如汝所说"，受十大戒而能如说修行，是"真实"不虚的。胜鬘发诚实誓，即刻有此瑞相。"彼见妙华及闻音声"的——与会的眷属及阿逾阇国人"一切众会"，大家都"疑惑悉除"。胜鬘发诚实誓，本非要显自己的伟大，不过望大家能信受除疑，也照着去做。所以大众断疑生信，即"喜跃"得不可说，大家都"发愿言"：我们愿"恒与胜鬘常共俱会"。恒，是常常时义。现在与胜鬘俱会一处，将来生生世世也愿与她俱会一处，而且要"同其所行"。胜鬘受十大戒，我们也要受十大戒，也要如说而行。前面说过，菩萨净佛国土，是要摄受大众一起发愿，同住共行，才能成就的。

己三　世尊印许

世尊悉记一切大众，如其所愿。

　　这是"世尊"印可胜鬘的眷属等，为他们授记："一切大众"发愿与胜鬘同住同行，将来一定能"如其所愿"而成就的。记，不一定授成佛的记，凡预记未来事，都可以称为授记的。

丁二　发三大愿

戊一　胜鬘发愿

己一　发愿意趣

尔时,胜鬘复于佛前发三大愿,而作是言:以此实愿,安慰无量无边众生。

十大受也是发愿,不过这是誓受即行的;今发三愿,是求乎未来的。依文说,此三愿即从摄受正法戒引生。论愿体,即菩提心,即《法华经》所说的"一切智愿",所以能含摄得菩萨的一切大愿。

先说发愿的意趣。"尔时"——"胜鬘"受毕大受时,她又"于佛前发"如下所说的"三大愿"。她这样说:"以此实愿,安慰无量无边众生。"胜鬘所发三大愿,不是空言无实,而是要从实行去完成的,用此去安慰一切众生的。佛菩萨的安慰众生,不是说几句安慰的语言,是真能使众生得到实利的,所以称为实愿。菩萨以利益众生为先,这不是为自己的菩提心,真是大愿!

己二　发愿体相

以此善根,于一切生得正法智,是名第一大愿。

三大愿中,第一是:"以此"先来所修积的称赞佛德、受持大戒等"善根","于一切生"中,能"得正法智"。愿于生生世世中,得到正法的智慧,也即是《法华经》的"佛之知见"或"平等大慧"。从发心以去,无论为闻、思、修慧,或无漏大慧,都愿不失正法的如实知见。有了正法知见,虽历劫在生死中,不致颠倒沦坠，不致急求自了，而能尽未来际去救度众生，不疲不厌。正法智，虽是自得正智，然实为安慰众生的基础。如菩萨而没有智慧，生死苦痛不了，哪里能度众生？这"是"胜鬘的"第一大愿"。

我得正法智已，以无厌心为众生说，是名第二大愿。

　　胜鬘说："我得正法智已，以无厌心为众生说"。本为安慰众生而愿得正法智，那么得了正智，自然要随时随地为众生宣说此成佛的正法。有缘就说，有问就说，决无丝毫的厌烦心。如有了厌心，即舍弃众生，菩萨的事业就败坏了。所以文殊开示善财童子，首先要有无厌足心。这是"第二大愿"。

我于摄受正法，舍身命财护持正法，是名第三大愿。

　　胜鬘说："我于摄受正法"时，或为自己受持体悟，或教众生摄取受持，这是并不容易的。菩萨修行正法，弘宣正法，每有极多的困难事。教化人而反受世人的责骂捶打，如《法华经》常不轻菩萨所受的。或遭遇魔外猖狂，而佛法大受摧残时，还要有"舍身命财护持正法"的勇气与决心。如以自己的劳力去助人，或以自己的身体施人与代人受苦，名舍身。因护持正法而失去身命，名舍命。施舍自己的钱财，名舍财。总之，为了护持佛法，不惜牺牲自己的身命财产。唯有护持正法，才能摄受正法。如以为学了佛，就得佛菩萨保佑，永得安乐度日，这不是菩萨心行。菩萨以利益众生为本，要有摄受正法的正法智，更要有舍身命财而护持正法的决心。中国学佛者虽自称大乘，而真能从饶益众生、护持正法去做的，实在太少。中国佛教的衰落，并不意外！

戊二　如来印成

尔时,世尊即记胜鬘:三大誓愿,如一切色悉入空界,如是菩萨恒沙诸愿,皆悉入此三大愿中。此三愿者,真实广大!

胜鬘发过了愿的"时"候,"世尊"认为她的大愿极好;而三愿的广大,有的众生还不能知道,所以"即"为"胜鬘""记"别说:你发的"三大誓愿,如一切色"的"悉入空界"一样。色即是物质,凡有质碍都名为色,如五根五境的十色界。虚空界,是遍一切色——物质的,凡有色法处,即有空界。如这里有桌或墙,似乎有质碍处,没有虚空,其实空是无碍而无所不在的。"如是,菩萨"所有的"恒沙诸愿,皆悉入此三大愿中"。恒是恒河,河中的沙很多,所以取以比喻数量的众多。佛菩萨的大愿,也是多得难以数量的,然都含摄在这三大愿中。诸愿如众色法,三大愿如虚空。空遍一切色法,如三大愿遍一切愿,而一切愿摄入于三大愿中一样。三大愿,体即菩提心愿。菩萨发菩提心,不外乎上求菩提,下化众生。得正法智,就是上求菩提;为众生说,就是下化众生。发菩提心,又有两种:或见众生苦而发心,经中常说:"菩提所缘,缘苦众生。"或见佛法衰落——信众放逸或政治摧残而发心。菩提心愿,重要在救济众生,护持正法。见众生苦而发心,就是为众生说;见佛法衰落而发心,就是不惜身命护持正法:这也就是为人与为法。总括地说:得正法智是大智慧;为众生说是大慈悲;舍身命财护持正法,是大勇大精进。这三者,是菩提心的内容,所以三大愿能统摄菩萨的一切大愿。

丁三　摄正法行

戊一　略明摄正法愿

己一　请说

行愿中,先是十大戒,次摄十戒于三大愿,现在再摄三大愿于摄受正法中。摄受正法,是十大戒的第十戒,也是三大愿的要素。本经广明一大乘;菩萨的行愿、如来的功德,都是以摄受正法为根本的。上已明发愿,这需要从自利利他去实行,所以本章重在摄受正法的大行。又分二科,先承上而略说摄受正法愿。行愿本是不可分离:内心热烈的欲求,即是愿;有真诚的愿欲,必有真实的精进修行。然行必由愿,所以分别说明。依文科别为四,先明请说。

尔时,胜鬘白佛言:我今当复承佛威神,说调伏大愿真实无异。

当佛印证三大愿完毕的"时"候,"胜鬘"又禀"白佛"陀说:"我"已说了十大戒、三大愿,现"今当"再仰"承佛"的"威"德"神"通力,"说调伏大愿真实无异"。胜鬘自受戒,自发愿,虽也承佛的威神,但还是自己的本分事。此下说菩萨的大行,也有为胜鬘所知而未能证实的,所以特别说到仰赖佛的威神加被。调伏,为梵语毗尼的意译,即指胜鬘所受的十大戒。大愿,即指胜鬘所发的三大愿。从调伏与大愿的究竟根本处说,即是真实无异的摄受正法。真实无异,即真如的异名。

己二　许说

佛告胜鬘:恣听汝说。

"佛"经她的请求,就"告胜鬘"说:照着你的意思(恣),"听"许你"说"好了。

已三　正说

胜鬘白佛:菩萨所有恒沙诸愿,一切皆入一大愿中,所谓摄受正法。摄受正法,真为大愿。

"胜鬘"得佛允许,就禀"白佛"道:我上面虽说"菩萨恒沙诸愿,皆悉入此三大愿中",但从究竟根本而统摄来说,"菩萨所有"的如"恒"河"沙"那样的"诸愿","一切皆入一大愿中"。这一大愿,即"所谓摄受正法"。"摄受正法",才是"真"实无异的"大愿"。摄受正法愿的甚深广大,并没有说到;这要在广说摄受正法行,才充分地开显出来。这仅是承前总结而为下文的张本,如标题一样。

已四　赞说

庚一　正叹所说深妙

佛赞胜鬘:善哉善哉!智慧方便,甚深微妙,汝已长夜殖诸善本,来世众生久种善根者,乃能解汝所说。

经中凡重要处、深奥处,佛常先为广大赞叹,以起众生的信心。如《法华经》将说一乘,佛先赞叹"诸佛智慧甚深无量,其智慧门难解难入"。本经也如此,所以胜鬘一论到佛法根本——摄受正法,"佛"即"赞胜鬘"说:"善哉!善哉"!你的"智慧方便"多么"甚深微妙"呀!智慧与方便,都是智慧,而约义有二。重要的分别在:约自证正法说,是智慧;约依语言文字而为他说,是方便。正法,是不可思议的,能应众生的心思口议而说,所以是善巧方便。或如实知正法,是智慧;由于众生根机钝劣,不能"如实法相说",要用善巧方便,作不了义、不尽然的说法,是方便。胜鬘能如实知摄受正法,能了知从一乘而出生诸乘,诸乘终入一乘,所以赞她的智慧方便甚深微妙。所以有甚深智慧与微妙方便,因为"已"在过去生——"长夜"中,种"殖"了福德智慧的"诸善本"。不然,哪里能有此甚深微妙的智慧方便? 胜鬘以智慧方便所说的摄受正法,未"来世"中的"众生",要是"久种善根者,乃能"理"解"你"所说"的。如来赞叹胜鬘与听众的智慧深,修习久,目的在说明胜鬘所说的法门殊胜广大。

庚二　引叹所说同佛

汝之所说摄受正法,皆是过去未来现在诸佛已说今说当说;我今得无上菩提,亦常说此摄受正法。

佛法,是佛佛道同,也是师资道同的。以此证明胜鬘所说的正确,以加强众生的信心。如《法华经·方便品》也引证过去诸佛都是:未能直说一乘而巧说三乘,后又会三乘而归于一乘。所以佛说:"汝"今"所说"的"摄受正法","皆是过去"诸佛"已"经"说"的,"未来"诸佛"当"要"说"的,"现在诸佛""今"正"说"的。现在有十方诸佛,释迦佛也可摄于现在佛中,为显释尊是此娑婆世界教主,所以特别说:"我今得无上菩提,亦常说此摄受正法。"诸佛所说,与胜鬘所说一样,即显示法门的正确。

庚三　结叹所说功德

如是我说摄受正法所有功德,不得边际,如来智慧辩才亦无

边际，何以故？是摄受正法，有大功德，有大利益。

"如是，我说摄受正法所有"的"功德"，不是有限有量，而是"不得边际"的。无边际的功德，众生是难于究竟了知的。但"如来"的"智慧"也是无边际的；依智慧而说深法的"辩才，亦无边"无"际"的。摄受正法的功德与如来的智慧辩才是相应的：由正法的功德无边，如来的智慧也无边，说正法的辩才也无边；由如来智慧与说法的辩才无边，所以能圆满地了知、圆满地说明正法功德。"唯佛与佛，乃能究竟"，如说函大盖也大。"何以"如来的智慧辩才能如此？因为"摄受正法"实在"有大功德，有大利益"，无量无边；佛的智慧辩才从摄受正法中来，所以也是无量无边的了。这一赞叹中，说明了正法的究竟圆满，如来智慧与辩才的究竟圆满，而为依正法而说一佛乘的宗本。

戊二　广明摄正法行

己一　法大

庚一　请说

此下文广义深，而主要在说明（一乘）大乘的广大义。一般说大乘与一乘，唯知高推玄妙，不知一乘与大乘的所以究竟，应先知它的广大义。一乘与大乘，有二要义：一、出生，从大乘中引生无边的佛法；虽法门无量，而一切佛法以大乘（一乘）为根本。二、收入，虽流出一切佛法，而在佛陀本怀，无非使众生渐入佛乘；即一切佛法以一乘（大乘）为究竟。《法华》重于说一乘，而佛先入无量义处三昧，说《无量义经》，明出生无量法门义。如不知大乘的出生，广无量义，即不能知会归一乘的究竟义。本经

的《摄受正法章》,显示出生广大义;次《一乘章》,即显示究竟收
入义。广大义是什么? 即大乘的大。上面说摄受正法有三:正
法、大乘、波罗密。忘失正法即忘大乘,忘失大乘即忘波罗密。
现从摄受正法的广大义——大乘义,而论摄受正法即正法,即波
罗密,即摄受正法者。此章分法大与人大二科。摄受正法的广
大义是法大;由所摄受的正法广大,能摄受正法者也就伟大。法
大,约多义说大;人大,约胜义说大。

胜鬘白佛:我当承佛神力,更复演说摄受正法广大之义。

　　明法大中,先请说。"胜鬘"又"白佛"说:"我当"再"承佛"
陀的威德"神"通"力,更""演说摄受正法"的"广大之义"。大
乘法体,确不是对小,而是绝对的。依言施设,摩诃(大)有大、
多、胜三义,即以多及胜来显示大义。约数量,众多名大;约质
量,殊胜名大。今明法大,即以众多显大,即含容大。

　　庚二　许说

佛言:便说。

　　庚三　正说

　　辛一　总示

**胜鬘白佛:摄受正法广大义者,则是无量,得一切佛法,摄八
万四千法门。**

　　此即总明法大的广大义。古德有说:广大是总,别说有三:
一、无量,二、得一切佛法,三、摄八万四千法门。或有总分为四:
即广大、无量、得一切佛法、摄八万四千法门。以此三义四义科

文,多不贴切。现在简单地说:"摄受正法广大义"是什么?"则(与即同)是无量"义。无量义有二:一、"得一切佛法",二、"摄八万四千法门"。一切与八万四千,为无量的异名;无量,所以是广大。依摄受正法(大乘),能得一切佛法,凡从佛如来自证正法所流出的一切法,都是佛法,广摄五乘。得一切佛法,即三义中的正法。佛的法门,传有八万四千,是教化众生的方法。《大乘贤劫经》中,说有八万四千波罗密;《大毗婆沙论》等,说有八万四千法蕴,都即此八万四千法门。门有开通关闭二义,佛说法,也有此二义,如说离恶生善;离染成净;离生死,入涅槃;远离戏论,通达真实;所以称法门。八万四千法门,从摄受正法中出生。此即三义中的波罗密义。

辛二　别说

壬一　摄受正法即正法

癸一　举喻

子一　大云注雨喻

譬如劫初成时,普兴大云,雨众色雨及种种宝,如是摄受正法,雨无量福报及无量善根之雨。

摄受正法的广大义,即大乘的大。先说摄受正法即是正法,也即是解释"得一切佛法",共有四个譬喻。第一大云注雨喻。举喻说:"譬如劫初成时,普兴大云。"依佛法说:世间坏到什么都没有的时候名空,共经二十小劫——空劫。以后,因众生的业感而世间又开始成立,进入成劫。世间初成的时候,虚空中有大风生，因风的鼓荡力，大云弥漫，从大云而降大雨；有众生出现。现在即举此喻，所以说从大云"雨（落下的意思）众色雨及种种宝"。不是直从虚空中落下珍宝，而是雨众色雨；从雨水凝结而成宝，宝也可说是从云所降下的。

次合法说，"如是，摄受正法"，如大云一样，能"雨无量福报及无量善根之雨"。这无量的福报，如种种宝；无量善根，如众色的雨水，这都从摄受正法大云而出生的。正法，上面说过，即诸法实相或真如，为佛所圆满悟证的。怎样从摄受正法而出生无量善根福报呢？劫初成时，喻众生无始以来就如此的，无始假说为始。众生虽流转生死中，而杂染法不离于本净的正法，正法为众生的本性，法尔如此，相摄相依。生死众生所以能有善因、善果，能发菩提心、修菩萨行，以至成佛，即因众生无始来成就了摄受正法，而起随顺法性的一切净德。今举二经为证：一、《仁王般若经》说："众生识初一念识，异木石，生得善，生得恶，恶为无量恶识本，善为无量善识本。"这说明众生从无始以来，即成就了净善功能和染恶功能，与唯识宗所说的善恶种子相近。由此为因，出生种种善恶法。二、《菩萨璎珞本业经》说："一切善受佛果，无明受有为生灭之果。是故善果从善因生，恶果从恶因生。故名善不受生灭之果，唯受常佛之果。"所以道生法师说"善不受报"。虽因善业而感人天乐果，究其实，人天善法是成佛因，一切善法从摄受正法而来。一切众生有如来藏，无始来就有随顺如来藏性的功能；无量福德，及无量善根都从此出生。此处所说摄受正法是不离正法，为依持义；也即随顺正法义。所以，约大乘为根本义，即人天乘法及声闻缘觉等法，都从大乘正法而出生;约一乘究竟义,那么表面虽有人天善法、声闻、缘觉等善法不同,究其实,这些都是随顺真如性的。一切从正法流,一切必还入于正法而同归于一乘。此中无量善根,约因说;无量福报,约果说。也可以说:无量善根是善的等流因(果),无量福报是善的异熟(因)果。

子二　大水起世喻

世尊! 又如劫初成时,有大水聚,出生三千大千界藏,及四百亿种种类洲。如是摄受正法,出生大乘无量界藏,一切菩萨神通之力,一切世间安隐快乐,一切世间如意自在,及出世间安乐劫成,乃至天人本所未得,皆于中出。

世间"劫初成时",起大云而降大雨,世间成一"大水聚"。由水的渐渐凝结,"出生三千大千界藏"。依佛法说:四大洲的中间有须弥山,日月在须弥山的中腰旋转,须弥山上有二天:四王天及忉利天。离须弥山顶,以上有四空居天:夜摩天、知足天、化乐天、他化自在天,合为欲界。畜生、饿鬼、地狱,不离四洲。此名一小世界。这样的一千小世界,名小千世界,上有初禅、大梵天王为小千界主。一千个小千世界,成一中千世界,上有二禅天。一千中千世界,成为一大千世界,上有三禅天。因为大千世界是经过小千、中千而成为大千的,所以称为三千大千世界。这三千大千世界合有一百亿须弥山;每一须弥山有四大洲围绕,合为"四百亿种种类洲"。世界成立时,从地面说,有四百亿种种类洲各名差别;从四百亿种种类洲所依而统摄为一的说,即三千大千界,所以称为大千界藏。

次合法说，"如是"，由无始来的众生"摄受正法"，所以从正法"出生大乘"的"无量界藏"。大乘法含摄一切的一切，为一切善因善果根本，如三千大千界藏为根本，为总摄，而有四百亿种种类洲一样。一、"一切菩萨神通之力"，经中常说菩萨游戏神通，游戏是自在义。大乘菩萨，有神通等功德自在力。二、"一切世间"的"安隐快乐"，指人间的善因善果。安隐，即无危险无恐怖的意思。三、"一切世间"的"如意自在"，约诸天的善果说。诸天有深彻的禅思，及报得神通，所以称如意自在。四、"及出世间安乐劫成"，这是说声闻、缘觉乘法。声闻与缘觉虽没有得究竟涅槃，然因已断除部分染法，所以也能得出世间的安乐。菩萨神通，世间的安隐快乐，诸天的如意自在，声闻缘觉的出世安乐——这四者，喻如四百亿种种类洲。菩萨等法，都依大乘无量法界藏而成，如四百亿种种类洲依三千大千界藏而有一样。劫成二字，不易解（劫，疑是报字的笔误。但古来同作劫，不敢异说）！菩提流志译为具足，所以，这是圆满成就的意义。这大乘无量界藏的根本，从菩萨的神通自在，"乃至"出世间安乐，"天人本"来"所未得"的，"皆于"摄受正法"中出"。这与上喻大同。上喻略为善因福报；今广明善因为大乘无量界藏，福报为从菩萨神通自在到声闻缘觉的出世安乐。此二喻的摄受正法，都约众生法尔，而依正法、随顺正法而起善因善果说。

子三　大地持重喻

又如大地，持四重担。何等为四？一者大海，二者诸山，三者草木，四者众生。

先举喻："又如"大水聚所成的"大地"，能任"持四"种"重担"："一者大海,二者诸山,三者草木,四者众生"。大地低下处,水聚为海;耸起处为山;地上生诸草木丛林,有人及傍生等众生,这四者,都依大地而得住。

如是摄受正法善男子善女人,建立大地,堪能荷负四种重任,喻彼大地。何等为四？谓离善知识无闻非法众生,以人天善根而成熟之;求声闻者,授声闻乘;求缘觉者,授缘觉乘;求大乘者,授以大乘。是名摄受正法善男子善女人,建立大地,堪能荷负四种重任。

次合法。"如是",若"善男子善女人",发摄受正法心,修摄受正法行,即"摄受正法"——学大乘的菩萨。菩萨修学和"建立大地"一样,"堪能荷负四种重任"。荷,是担在肩上;负,是背在背上。四种极重的担子,菩萨能毅然地负起来,"喻彼大地"的担四重担一样。菩萨能适应众生的根机而为说法,如不能适应根机,虽所说极妙,不但无益,还要引起诽谤,如久病人服大补品,消受不了。因此,菩萨须遍学种种法门。众生的根性无量,菩萨要发心普救一切众生。本经以菩萨喻大地,总摄所化为四类。"非法众生",指作恶事的,这是连人的资格都不够。"无闻",说他无知识,对于佛法从来没有什么闻熏。"离善知识",即所亲近的都是恶人。像这样——离善知识无闻非法的众生,不但不能教化成佛,就是出世的声闻、缘觉法也不行。那么,即应"以人天善根"来"成熟"他。人天乘法,即教令归依三宝,住正命,知因果,修习布施、持戒,修四无量心。由这样的积集人天善根,能成就人天善果。若连此都做不到,即人身还不保,何况成佛！佛法广大无边，然依人天善法为基础，虽浅近，而实在重要！所以释尊说法，总是先说"诸佛常法"，即是布施、持戒、因果等人天善法，这是第一类。第二，若众生志"求声闻"果的，菩萨即"授声闻乘"法。第三，若有欲"求缘觉"果的，即"授缘觉乘"法。众生中，有的曾积集闻熏，又能亲近善知识，可是根性钝劣，佛所以为说二乘法。依《法华经》说，声闻乘法是四谛，缘觉乘法为十二因缘。其实，四谛与十二因缘是相通的。不过，四谛法从苦果入手，从苦而集，而灭，而道。十二因缘重在观察生死的缘因。声闻缘觉的不同处是：声闻虽是小乘，而是聚众群居的；缘觉则厌烦集体的生活，要离群索居去住茅篷、岩洞。声闻仍为人说法；缘觉不愿为人说法。从声闻、缘觉的风格上，有此二乘的不同；据所证所得说，大体是相近的。又声闻是从佛闻法声而得悟的；缘觉又名独觉，即由自己发心修证，出于无佛的时候。第四，若有要"求大乘"果的，即"授以大乘"。这是一类志行广大的众生，为利济众生、住持正法，而发菩提心、修菩萨行，以成佛为目的。遇到这类的众生，菩萨即以自己所行的大乘法来教化他。菩萨能教化这四类的众生，"是名摄受正法善男子善女人，建立大地，堪能荷负四种重任"。

世尊！如是摄受正法善男子善女人，建立大地，堪能荷负四种重任，普为众生作不请之友，大悲安慰，哀愍众生，为世法母。

　　这是结赞菩萨。菩萨为利济一切众生而发心，坚决地负起度生的重担，众生如有救护的需要，菩萨即自动地称众生的根性去援助、扶导。菩萨"普为众生"作"友"，是"不"待"请"求的。

他以"大悲"心"安慰"众生，"哀愍众生，为"一切"世"间正"法"的生"母"，因为人天乘法、声闻法、缘觉法、菩萨法，都从菩萨的慈悲教化而出生。

子四　大宝依地喻

又如大地有四种宝藏。何等为四？一者无价，二者上价，三者中价，四者下价，是名大地四种宝藏。如是摄受正法善男子善女人，建立大地，得众生四种最上大宝。何等为四？摄受正法善男子善女人，无闻非法众生，以人天功德善根而授与之；求声闻者，授声闻乘；求缘觉者，授缘觉乘；求大乘者，授以大乘。如是得大宝众生，皆由摄受正法善男子善女人，得此奇特希有功德。世尊！大宝藏者，即是摄受正法。

上喻菩萨如大地，能负重任；此喻四类众生得大宝藏，是依菩萨大地而有的。先举喻："如大地"上"有四种宝藏"，藏即矿藏。四种宝藏，经中并未明说，但约宝的价值不同，说有差别。"一者无价"宝，这是最贵重的，如摩尼珠等。"二者上价"宝，"三者中价"宝，"四者下价"宝。宝价虽有高低不等，但都是宝，都是依地而有的，所以说"是名大地四种宝藏"。

次合法说："如是摄受正法"的"善男子善女人"，以正法化众生，如"建立大地"一样，使"众生"依于摄受正法的菩萨，而"得""四种最上"的"大宝"。四种大宝，就是四种正法——人天法、声闻法、缘觉法、大乘法。文句，如上文可知。人天的正法如下价宝，声闻乘正法如中价宝，缘觉乘正法如上价宝，大乘正法如无价宝。"如是，得"四种"大宝"的"众生，皆由摄受正法"

的"善男子善女人"——菩萨以正法教化,方"得此奇特希有"的"功德"法宝。这是大乘的共义,《般若经》也说:由有菩萨的修行般若,而有如来、声闻、缘觉、菩萨、人天善法的出现世间。

次略结说:众生所得的四"大宝藏"——正法,"即是摄受正法"——大乘所含的广大无边义。这两句文,在四喻中,都应作如此结,如说:无量福报,无量善根,即是摄受正法。大乘无量界藏等,即是摄受正法。堪能荷负四种重任,即是摄受正法。但上文简略,特在此末喻结显,以别起下文。

癸二　结成

世尊! 摄受正法,摄受正法者,无异正法,无异摄受正法,正法即是摄受正法。

这是承上而结显四喻。"摄受正法"是标,次牒而解说。"摄受正法者",要知道,"无"有别"异"的"正法",也"无"有别"异"的"摄受正法",这是不可施设别异的,所以说"正法即是摄受正法"。依此义,判经文为摄受正法即正法,而是解释得一切佛法义。摄受正法广大义,就是大乘。大乘与正法不二;正法即大乘,大乘即正法。正法为诸法实相的异名,即平等平等,一切无差别空性。依此明大乘义,所以即正法而无差别。

初二喻,约理摄以明摄受。一、正法性是本来如此的;一切众生无始来即摄受正法,这因为众生不离法性而有随顺法性义。由于摄受正法,流出无量福报,无量善根,即是正法。如古来说"无不从此法界流"。二、以众生无始来摄受正法,有善因福报。此一切善因,为大乘无量界藏,而从此出生菩萨、缘觉、声闻、天、人的福乐自在,此即福报。此以善因为大乘无量界藏,即显大乘为一切正法本,这都由无始来摄受正法而流出的。次二喻约行摄以明摄受。摄受正法,即菩萨修行。菩萨发菩提心、修利他行、证正法性,宗旨即在摄持领受正法。所以《大般若经》说:不为阿耨多罗三藐三菩提——如来果德而发菩提心,为一切法本性空寂而发菩提心。这样,菩萨以正法为正确,而起摄受正法(大乘)行;发心闻法、修学而证悟得正法。由此,以人、天、声闻、缘觉、菩萨的正法教化众生,即能负四种重任。因菩萨的摄受正法,四类众生即依之而得正法四宝。所以从理正法而有行果的正法,关要即在摄受正法。由于法尔的摄受正法,所以有善因善果的可能。由于菩萨的摄受正法,所以有五乘正法的建立。约理摄而说,正法与摄受正法,是不可说有差别的。约行摄而说,摄受正法即证入正法,这也没有能证所证的别异可说。正法平等,所以广大众多的摄受正法,也无二无别。此说大乘的出生义,即所以成立一乘究竟意义。

壬二　摄受正法即波罗密

癸一　总说

世尊!无异波罗密,无异摄受正法,摄受正法即是波罗密。

摄受正法的广大义(大乘),即无量。上明得一切——五乘佛法;此说摄八万四千法门。八万四千法门,要在六波罗密,所以再为论说。大乘即六度,六度即般若,般若即实相,这是大乘经的共义。如《般若经》中,佛命须菩提说般若波罗密,而须菩提广说大乘。佛印成说,大乘即波罗密。今胜鬘也对"世尊"

说:摄受正法的广大义(大乘),是"无异波罗密,无异摄受正法"的。这二者不是隔别,"摄受正法即是波罗密"。波罗密是到彼岸义,为修行成佛的法门。菩萨摄受正法——发心修学大乘法门,不出六波罗密,六波罗密即大乘的异名。

癸二　别说

子一　施波罗密

何以故? 摄受正法善男子善女人,应以施成熟者,以施成熟,乃至舍身支节,将护彼意而成熟之。彼所成熟众生建立正法,是名檀波罗密。

菩萨摄受正法,怎么即是波罗密呢? 此下即约六度别说。先说施:因为"摄受正法善男子善女人"——菩萨,他的一切修行,都是以利他为先,一切为了成熟众生,为了建立正法。众生的根性不同,菩萨去成熟他的法门也就有别。如"应以"布"施"而"成熟"的众生,菩萨就"以"布"施"去"成熟"他。如从矿中采出来的生铁,不能用作工具;必须锻炼成熟铁,方可作用具。众生修学佛法,也如此:第一步是种善根,进而使他成熟,最后才能得度脱。悭贪心重的众生,菩萨用种种东西去施给他,使他欢喜,修学正法而成熟善根。还有喜欢布施的众生,见人布施即欢喜,菩萨即以施成熟他。施有种种,此中且说财施。以种种身外的财物布施,名外财施;"乃至舍身支节",如施头、目、髓、脑、手、足等,名内财施。这样的去"将护彼意",将就他、顺从他的心意,使他内心欢喜,不生烦恼,善根得以渐渐"成熟"。对"彼"布施"所成熟"的"众生",即使他"建立"——安住于"正法"中。

如人天善根成熟了的,即使他住于人天正法中。声闻缘觉善根成熟了的,即使他住于二乘正法中。大乘善根成熟了的,即使他住于大乘正法中。护持正法,建立正法,是要学者从修学正法中去安住的。度生与护法,即是同一内容的二项意义。像这样以布施成熟众生、建立正法,"是名檀波罗密"。檀那是梵语,中国译为布施。经论中说,波罗密要具备几个条件:一菩提心相应,二住大悲心,三以般若无所得智慧为摄导,四要回向法界众生。这样而能修布施,才名布施波罗密。本经且约度生住法说。利他即是自利,离了为法为人,哪里有菩萨行?

子二　戒波罗密

应以戒成熟者,以守护六根,净身口意业,乃至正四威仪,将护彼意而成熟之。彼所成熟众生建立正法,是名尸波罗密。

此下文句相同的,准上可知。"应以戒"而"成熟"的众生,菩萨即以戒去成熟他。菩萨有三聚净戒,此中且说摄律仪戒。不作恶而修清净行,就是戒。一切烦恼、恶业,从六根门头来,如眼见色的好坏而起贪嗔。如贼从门入,诸烦恼贼从根门入,所以要"守护六根"。这不是闭眼不见,塞耳不闻,而要在正念正知。正知,是对境界有正确的认识,不为境界所转。如见金银珠宝,而正知为五家共有,也就不会起贪心了。正念,是对于佛法的正知正见,要时刻忆念不忘。有正念正知,就能守护根门。持戒,不但不作恶,而且要行善,所以要修集清"净"的"身口意"三"业"。严持戒律,三业清净,"乃至正四威仪"——行住坐卧等小事也能威仪庠序,不落于疏散放逸。以此而"成熟众生,建立正法"，"名尸波罗密"。尸罗，是梵语，意云清凉，意译为戒。

子三　忍波罗密

应以忍成熟者，若彼众生，骂詈毁辱，诽谤恐怖，以无恚心，饶益心，第一忍力，乃至颜色无变，将护彼意而成熟之。彼所成熟众生建立正法，是名羼提波罗密。

"应以忍"而"成熟"的众生，菩萨即以忍辱去成熟他。忍有种种，现约众生忍说。"若""众生"来欺害，能忍受而不起烦恼。"骂詈"，是粗暴而不堪入耳的恶言。"毁辱"，是当面予以侮辱。"诽谤"，是背后说人坏话。"恐怖"，是以迫害的手段恫吓。菩萨遇到这样的众生，应"以无"嗔"恚心"对待他。不但不起恚心，而且要以"饶益心"去可怜他。觉得众生不知是非善恶，是很可怜的，应当设法使他得到利益。"第一忍力"，是最坚强的忍辱力，在任何情形下，都能忍受众生所加于自己的一切。不但内心不生烦恼，"颜色"也"无"有"变"异。一般人遇到人的骂詈毁辱，即面色变了，筋也浮起来，这是不能忍的相貌。摄受正法的菩萨，就是割截身体，也颜色不变，这就证知他能忍。如佛在往昔生中为忍辱仙人时，为歌利王节节支解身体，而颜色毫无变异。这样的为法为人，"是名羼提波罗密"，羼提是梵语，中国译为忍。忍在大乘法中是极重要的。能忍就不起嗔心；如不能忍而嗔心一起，即失慈悲心，即失大乘，而不成菩萨了。

子四　精进波罗密

应以精进成熟者，于彼众生，不起懈怠，生大欲心，第一精进，乃至若四威仪，将护彼意而成熟之。彼所成熟众生建立正

法,是名毗梨耶波罗密。

"应以精进"而"成熟"的众生,菩萨就以精进去成熟他。佛法所说的精进,是向上、向善的努力。菩萨"不起懈怠"心。懈怠心与精进心相反:止恶行善的努力是精进;懒惰而不能勇于修善止恶,是懈怠。不但不起懈心,而且要"生大欲心"。欲是正法欲;大欲,是普度众生欲、普修善法欲、究竟菩提的证得欲。经论说:"欲为勤依",有为正法的大欲,才能起"第一精进"的心行。"乃至若四威仪"——行住坐卧时也能精进不懈。这样的为法为人,"是名毗梨耶波罗密",毗梨耶即精进的梵语。

子五　禅波罗密

应以禅成熟者,于彼众生,以不乱心,不外向心,第一正念,乃至久时所作,久时所说,终不忘失,将护彼意而成熟之。彼所成熟众生建立正法,是名禅波罗密。

"应以禅"定而"成熟"的众生,菩萨即以禅定去成熟他。禅,梵语禅那,译为静虑。虽通于定慧,而重于定。"不乱心"是心不散乱。乱与定反,内心动乱,就不得定,所以应起不乱心。"不外向心":外向心即向外驰求,有了此心,定就不成。《智论》说:修禅定要先呵五欲,如以外境的五欲为微妙,心眼向外,决难得定。常人以为外境是乐,不知从内心所发的定乐——现法乐住,超过一切外向的快乐。"第一正念",即坚固的正念。正念如绳,使行者系念一事,心于一处转,不向外驰求散乱,即能得定。得了定,那就对"乃至"过去"久"远或前些"时所作"、"所说"的,"终"能"不忘"不"失"。心乱即易于忘失,禅心明净,即记忆力强,能得不忘失。学佛者每以为念佛念经可以开智慧,其实,这是由于一心专念的因缘,心意集中,得定力或近似的定力,增长记忆而已。经中说得定即陀罗尼,就是此意。

子六　般若波罗密

应以智慧成熟者,彼诸众生问一切义,以无畏心而为演说一切论,一切工巧究竟明处,乃至种种工巧诸事,将护彼意而成熟之。彼所成熟众生建立正法,是名般若波罗密。

“应以智慧”而“成熟”的众生,菩萨就以智慧去成熟他。般若波罗密,是广大的,如理如量的诸法性相,菩萨都由般若而得通达。菩萨智慧,不限于胜义慧,如《瑜伽论》说:“菩萨求法,当于何求?当于五明处求。”即应于世出世间一切学问中求;菩萨遍学一切法门即如此。要这样,“彼诸众生”向菩萨“问一切义”的时候,菩萨才能“以无畏心而为演说一切论”。一切论,或总称五明,或十八大论、六十四论等,总之即世出世间的一切学问。一切学问,佛教总归纳为五明,明即智慧,即学术的通名。五明是:一、内明,是不共的佛法。二、声明,是文字学、音韵学、文法学等。三、因明,是论理学。四、医方明,是医学与药物学。五、工巧明,如本经所说的“一切工巧究竟明处”,是理论科学、应用科学。不但专在学理上说,“乃至种种工巧诸事”,也是从传习、经验而得的宝贵知识。明即智慧,处为所依,如研究医药,医药即为智慧所依处。菩萨是要通达一切事理的,如善财童子参访的善知识,有聚沙成塔的建筑师,有航海家,有政治家,有法官,有医生,有语言学者等。如众生是泥水木工,即为说建筑泥木的智慧。如(佛)为牧牛人,说十一种养牛法等;即能摄受众生,"成熟"他,使住于"正法"中。"是名般若波罗密",般若译为智慧。

癸三　结说

是故,世尊!无异波罗密,无异摄受正法,摄受正法即是波罗密。

如所说,"是故"知道菩萨摄受正法的广大义,实"无异"于"波罗密";波罗密也"无异"于"摄受正法",因为"摄受正法即是波罗密"多。此上,即解说摄受正法——大乘与波罗密多不二,即明广大义中的摄八万四千法门。

己二　人大

庚一　请说

世尊!我今承佛威神更说大义。

以上约法大,显广大众多义;此下约人大,明广大殊胜义。有大法而后有大人;有大人而后修大法。人法相成,所以胜鬘请佛允许她再"说大义"。

庚二　许说

佛言:便说。

庚三　正说

辛一　总示

胜鬘白佛:摄受正法,摄受正法者,无异摄受正法,无异摄受

正法者；摄受正法善男子善女人，即是摄受正法。

约殊胜义明人大，显菩萨心行的难能可贵——伟大。能为一切大众生的上首，所以名菩萨摩诃萨。总论本章，上面有二文：一明摄受正法即正法，二明摄受正法即波罗密。今明摄受正法即摄受正法者。"胜鬘白佛：摄受正法，摄受正法者"，初句标论题；次句的摄受正法者，指摄受正法的这句话。在摄受正法的真义中，"无异摄受正法，无异摄受正法者"——人。这是说：离人无法，离法无人，人法平等平等。菩萨所以名为菩萨，就因他能摄受正法；因修习般若波罗密——摄受正法而名为菩萨，所以菩萨不能离摄受正法。如说学者，即必不离学而可施设。又菩萨是五蕴假者，一切法不离法性。人、天、声闻、缘觉、菩萨、佛，都不离正法性，以正法性为本性。菩萨是摄受正法的实现者，所以说"摄受正法善男子善女人，即是摄受正法"。

辛二　别说

壬一　自舍三事以摄受正法

癸一　明舍行

何以故？若摄受正法善男子善女人，为摄受正法，舍三种分，何等为三？谓身、命、财。

有"何"所"以"，说摄受正法者即是摄受正法呢？因为，"若摄受正法善男子善女人，为摄受正法，舍三种分"，即是摄受正法。分，可译为种或事，即事类的意思。三分是："身"，指头目脑髓等一切身分；"命"，即寿命；"财"，指一切身外的财产什物。

菩萨为了摄受正法,不惜牺牲一切身命财。不像一般人,为自己利益打算而行布施。为真理为自由为众生而不惜一切的施舍,才是难得的。菩萨本生谈中,舍身命财的故事很多,如刺血疗疾等。这可从二方面说:一、就事的,即身体、生命、财物的牺牲。事相的施舍,一般人也有能做到的。二、达理的,能了达身体是四大五蕴的假合;寿命仅是数十百年的相续假;财物更是实无自性,五家所共的。达身命财的实性不可得而不执著为我我所,即是舍。此与《般若经》的三轮——自、他、物体空相等。但这不可执理废事,通达身等的毕竟空寂性;而又能为法为人而施舍,这才是菩萨的大舍。初学者,可先于事上着力;渐渐摄受正法,而能即事契理,了达身等的空寂,即为护持正法、利济众生而修舍行。

癸二 明常德

善男子善女人舍身者,生死后际等,离老病死,得不坏常住无有变易不可思议功德如来法身。

众生有漏的身命财,都是无常不坚固的。身有老病死苦;寿命有一期的分限;财物是五家所共的。所以《维摩经》说,应修三坚法,《涅槃经》也有此意。今先明因舍不坚身而得如来常住法身。"舍身者,生死后际等"。生死后际等,可作二种解释:一、过去无量无边的生死为生死前际,未来直至成佛为生死后际。后际等,即尽未来际的意思。菩萨舍身,是穷生死尽未来际的,如说:地狱未空,誓不成佛。这约事说。二、约理说:生死,即众生的生死;后际,即涅槃。二乘舍生死而证涅槃,这是不平等的。菩萨达诸法毕竟空寂,知生死即涅槃,涅槃即生死,生死涅槃,平等平等。菩萨这样的达生死涅槃平等,而尽未来际,为度众生而舍身,即能"离老病死";这是一般众生身的三大病——有老、有病、有死。菩萨摄受正法而成佛,所以离老病死。《法华经》也说:"消除诸病,不老不死。"离无常老病死身,即"得不坏常住无有变易不可思议功德如来法身"。坏即浮脆不坚固义;离老病死,所以得不坏身;经中每称佛身为金刚身或坚固身。不为老病死所坏,即是常住。常住,所以是无变易的。常身的功德无边,不可以心思口议,故名不思议功德。有此不坏常住无变易不可思议功德的,即是如来法身。依法成身,名为法身。如《唯识三十论》说:"不思议,善,常,安乐,解脱身,大牟尼,名法。"

舍命者,生死后际等,毕竟离死,得无边常住不可思议功德,通达一切甚深佛法。

"舍命"能尽"生死后际等"。成佛时,能"毕竟离死",寿命的存续,或几十年几百年,或远至八万大劫,总是有分限的,难逃一死。菩萨舍无常命,所以能离死而"得无边常住不可思议功德"的常命。边,即边限;佛所得的功德,是竖穷三际而没有边限的,所以称无边。常命是无边的,不像众生无常命的有限。不可思议功德,如上说。常身,为如来法身;常命是慧命,所以能"通达一切甚深佛法"。众生的命,因无明起业感果而延续。佛得一切种智,即以通达一切甚深佛法的智慧为命。

舍财者,生死后际等,得不共一切众生无尽无减毕竟常住不

可思议具足功德；得一切众生殊胜供养。

　　"舍财"的，成佛时能"得不共一切众生无尽无减毕竟常住不可思议具足功德"。世间的财物，是共其他众生的，如说五家所共——劫贼、水、火、恶王、恶子孙。今佛得常住法财，自证所得，是不共一切众生的。世间财物，是愈用愈减，是有尽的；佛的法财是圆满究竟，无尽无减的。不可思议具足功德的具足，即圆满的旧译。佛所得财可为二种：一内财，二外财。上来别约内证功德法财说。"得一切众生殊胜供养"，约外财说。这句话应读作：得殊胜一切众生供养。凡是众生，都能享用一些财分，财分的享用，即可说供养。说佛得胜过一切众生的供养，即佛住净土的受用。常说佛的受用身，于庄严净土中，受用净土的妙境。

　　坚实而常住的身命财，只有成佛，才能到达圆满究竟的。菩萨为了摄受正法，而舍不坚固的三分；即能获得佛果的坚实常住的法身、慧命与净财。但这里，不是说如来果德，是约菩萨修因，以远明此常德的可得。

癸三　赞行人

世尊！如是舍三分善男子善女人摄受正法，常为一切诸佛所记，一切众生之所瞻仰。

　　胜鬘赞叹说：像上面所说"舍三分"的"善男子善女人"，即是"摄受正法"。这摄受正法者，"常为一切诸佛所"共赞叹、共授"记"，又为"一切众生""所瞻仰"。因为菩萨为利益众生而难行能行，为一切众生的领导者，自然为一切众生所推重了。因此，摄受正法的菩萨名为大。

壬二　化他诤讼以护持正法

癸一　明护法行

世尊！又善男子善女人摄受正法者，法欲灭时，比丘、比丘尼，优婆塞、优婆夷，朋党诤讼，破坏离散，以不谄曲、不欺诳、不幻伪，爱乐正法，摄受正法，入法朋中。

　　胜鬘次说："善男子善女人摄受正法者"，在"法欲灭时"，是特别精进的。佛法常住，但约佛法住世间说，即显然的，因释迦牟尼佛出世而有佛法的产生；有产生，将来就有灭亡。佛法将灭亡的时候，有一显著的现象，是佛弟子的腐败。佛弟子中，"比丘、比丘尼"，是出家的。比丘，此云乞士。尼为女声，即出家的女众。出家者以乞化为生，所以称比丘。"优婆塞、优婆夷"，是在家二众。梵语优婆塞、优婆夷，此云近事，即亲近承事三宝而修学佛法的。夷，也是女声。佛弟子本有七众，此外有沙弥、沙弥尼和式叉摩那。但这三众是初入佛法的，对于佛法的衰灭不起大作用，所以这里不说。正法住世的慧命，即寄于比丘等四众。但法将灭时，他们是"朋党诤讼"，四众弟子互相结党，不能如水乳合。党同伐异，互相水火。由相诤而相讼，由诤讼而"破坏离散"。佛法因见地的多少差异而聚讼纷纭，而宗派纷纭，已不尽合佛意。后来，已不是为法而诤讼，是为了寺庙财产的主权与享用，与一般俗人同样的吵闹，以至于聚讼公庭。寺庙财物，本是公有的，现在要据为私有；再掺杂地方、派系、眷属观念，完全成为一争权夺利的非法朋党。出家者利用在家二众的权位势力，诤讼不休。有些在家二众，因曾经布施或利用自己的名望势力,也争取发言与支配权。这样的净讼成风,即使寺庙多,出家众、在家信佛的人也不少,佛法也必日趋衰灭。摄受正法的菩萨,不以为这是末法的时候,推为劫运而不问。发大精进心,本着"不谄曲、不欺诳、不幻伪"的立场来护法。不谄曲,即心住质直,不行谄曲,若存谄曲心,即离佛法,这是菩萨的意业净。不欺诳,这是口业净。菩萨以如实语为众生说,不作诳诈说。如众生不遵正法而行,菩萨即以正法去说服他。不幻伪,是身业净。幻是变幻,伪是虚假。菩萨无论做什么事,都脚踏实地,不玩花样,不耍手段。以这样的质直、诚实、光明,使四众弟子能"爱乐正法",于真理自由有爱乐欣求心;能"摄受正法",有摄取领受的意愿与实行。这才能使远离正法的四众弟子回复到正法中来,"入法朋中"。从前是朋党净讼破坏离散,现在是安住于纯正的正法中,而成为正法的集团。学佛的人,如为名闻利养而出家,觉得庙产不保,于是舍道返俗。到了这步田地,佛法怎能不亡!佛在世时,随佛出家的弟子都是为正法的感召而来。佛没有供给衣食住,也没有名位权利可得,只是"导之以法,齐之以律"。四众弟子,就是这样的在正法中结合起来;佛是以正法来摄取于僧的。要护持佛法,要有为正法的心,爱乐正法,摄受正法的真实行愿!

癸二　赞叹行人

入法朋者,必为诸佛之所授记。

　　四众弟子,为菩萨导"入"正"法"中,都成为伟大的、难得的、发菩提心的佛种姓,所以为"诸佛""所"记别。

庚四　证说

辛一　胜鬘推佛

世尊！我见摄受正法如是大力，佛为实眼实智，为法根本，为通达法，为正法依，亦悉知见。

菩萨在佛前说法，理应请佛印证。所以胜鬘先总结说："我见摄受正法如是大力"——舍身命财，建立正法。次即仰推如来说："佛为实眼实智"，眼能见，智能知，佛的知见是究竟圆满的。所以称佛眼为如实眼，佛智为如实智；实眼即佛眼，实智即一切种智。佛"为法"的"根本"，"为"能究竟"通达法"的，所以"为正法依"。一切一切的法，佛"悉知"悉"见"。佛有实眼实智，所以能通达一切法；因为通达一切法，所以为法根本，为正法依。胜鬘的意思是说：佛知见一切法，如我上面所说的，对或不对，佛是知道的。

辛二　如来赞成

壬一　随喜

尔时，世尊于胜鬘所说摄受正法大精进力，起随喜心。

当胜鬘推赞佛"时"，"世尊"对"于胜鬘所说"的"摄受正法大精进力，起随喜心"。随喜，就是随顺她所说的，而起同情心、欢喜心。

壬二　赞叹

如是胜鬘！如汝所说摄受正法大精进力，如大力士，少触身

分,生大苦痛。如是胜鬘,少摄受正法,令魔苦恼;我不见余一善法令魔忧苦,如少摄受正法。

此下以三喻赞叹:第一大力士喻。佛印可说:"如是胜鬘!"确乎"如汝所说"的"摄受正法大精进力"那样,这确是伟大的,极难得的。"如大力士",如有人"少触"他的"身分",就会"生大苦痛",忍受不了! 这如菩萨"少摄受正法",即能"令魔"王生大"苦恼"。魔,是恶者,是能障碍我们行善法者。障碍善法的领导者,称魔王;其他障碍善法的,为魔子孙。摄受正法,为一切善法的根本。因为菩萨摄受正法,一切世间出世间的善法,都从此出生。所以障善的魔,就是见了少少的摄受正法,也生大恐怖。学人天,学二乘,至多不过是个人证解脱。而菩萨摄受正法,就要度尽一切众生,所以佛说:"我不见"其"余"的某"一善法,令魔忧苦,如少"少"摄受正法"那样。

又如牛王,形色无比,胜一切牛。如是大乘少摄受正法,胜于一切二乘善根,以广大故。

二、牛王喻。大力士喻,以菩萨摄受正法,对一切善法说,此牛王喻,是以摄受正法——大乘法,对二乘法说。印度的牧牛者,在牛群中选一高大雄壮的为牛王,头上身上都饰以庄严具。所以"牛王"的"形色无比",形态高大,毛色纯净,"胜一切牛。如是大乘少摄受正法",如牛王一样。大乘法的自体、功德、相用,都是伟大的,"胜于一切二乘善根"。二乘的善根,就和平常的牛一样。大乘的所以殊胜,即因为是"广大"的。

又如须弥山王,端严殊特,胜于众山。如是大乘舍身命财,以

摄取心摄受正法，胜不舍身命财初住大乘一切善根，何况二乘！以广大故。

三、须弥山王喻。这是以摄受正法的菩萨，对初学菩萨而说。"须弥山王"，在四大部洲中间，意译为妙高。在一切山中，须弥山出水八万四千由旬，最为高显，所以称山王。不但极高，而又是众宝所成，"端严殊特，胜于"七金山铁围山等"众山。如是，大乘舍身命财，以摄取心摄受正法"的菩萨功德，犹如山王；"胜"于"不舍身命财初住大乘"的"一切善根"。初住大乘，即初于大乘中发心修学。摄受正法的根本义，即以般若证得正法——实相。闻思修习，不过是开始摄受正法的学习。真能了达身命财的毕竟空寂——舍身命财，比起初住大乘的菩萨，以有漏心著相修行，这当然超胜得多。初学菩萨都不能相比，更"何况二乘"！《金刚经》说：释迦牟尼在燃灯佛所得无生法忍，胜前所行一切功德。大乘初学的有漏心行，不如得般若的无漏行；最后身菩萨，不如佛；这是大乘经的共义。这不是权实或了不了义的问题，是初学、久行、圆证的问题。二乘证涅槃，自以为究竟了，其实没有成佛以前都是不究竟的，所以否定他，二乘非真实，佛乘是真实，会归于一乘。菩萨从来没有自以为究竟，以成佛为究竟，这何须说权说实？怎能以初行为权教，久行为实教；或者久行为权教，圆证为实教呢？那些自称实教圆教的学者，难道就没有初学、久行等分别吗？一般人每引此等经，明大乘不是究竟的，而说离大乘的一佛乘，实在不对！依上面的三喻，可见摄受正法的大乘实证，胜过五乘共的人天法、三乘共的二乘法，而且也胜过初学菩萨的大乘。此三喻，文从舍身命财的大精进来，然义与本章相关：如摄受正法即正法，今以大力士为喻；摄受正法即波罗密，今以牛王为喻；摄受正法即摄受正法者，今以须弥山王为喻。

壬三　劝学

是故胜鬘！当以摄受正法开示众生，教化众生，建立众生。如是胜鬘，摄受正法如是大利，如是大福，如是大果。胜鬘！我于阿僧祇劫，说摄受正法功德义利，不得边际，是故摄受正法，有无量无边功德。

　　总结本章，劝弘通修学。"是故胜鬘！当以摄受正法，开示众生，教化众生，建立众生"。《法华经》说："诸佛以一大事因缘故出现于世"，即"欲令众生开示悟入佛之知见"。《法华经》的佛之知见，本经名摄受正法，诸佛实知实见的，即此摄受正法。所以应约法华四事，释此经三句。发明义理，或指示修行的方法——开显正理，示如实行，名开示。教化，即化导众生而使悟解。建立众生，即《法华经》的入佛知见，入即证入，住于果证。如来出世，唯以此四为大事因缘，所以要胜鬘以此三事化众生。次说："摄受正法"有"如是大利，如是大福，如是大果"。大利，即利益；大福，即福报；大果，即果证。可以说：开示众生使得大利，教化众生使得大福，建立众生使得大果。"我于阿僧祇劫，说摄受正法"的"功德义利"，也"不得边际，是故摄受正法，有无量无边功德"。摄受正法，既有这样的无量无边功德，所以菩萨应该开示、教化、建立众生于正法中，而众生应欢喜修学。

乙二　如来究竟果德

丙一　一(大)乘道果

上明菩萨的因行——归依、受戒、发愿,菩萨所修行事。今即说到如来的果德,近于《法华》《涅槃》赞叹佛果功德,会归一佛乘。胜果由于修因,所以学佛的不应以赞叹如来果德的究竟为满足。明果德又分二:一、一(大)乘道果,二、大(一)乘道因。真实说来,大乘就是一乘。一乘道果,明佛的果德。显示究竟的果德,即为了众生的起信修行,所以次明大乘道因。信佛果德,发心修行,即大乘菩萨道。在明如来果德中,点出菩萨道因,一切众生有如来性——即是正法。一切众生无始来摄受正法,是修大乘道因,一切众生由此都可成佛。所以统论全经,先归信,次受戒发愿,次修行,然后论如来果德;果即一切众生都有此正法性的圆满开显;所以又依此正法而起信。信、愿、行、果,周而复始地展转相成:

丁一　命说

佛告胜鬘:汝今更说一切诸佛所说摄受正法。

一乘道果中分四,先命说。前面胜鬘受戒、发愿是自动的,不由佛说;到了说摄受正法时,由胜鬘请说,经佛允许而后说;现在将明一乘的果德,由佛命令胜鬘说。这不是没有理由的。发愿、受戒,应该自动发心的。摄受正法,胜鬘虽已修已证,然也还有未曾究竟的,所以须启佛而说。现在将要说明的是一乘果德,是佛自证;胜鬘虽也曾听闻思惟,但没有自证,所以要由佛的命令,才敢宣说。

丁二　受说

胜鬘白佛:善哉世尊!唯然受教。

"唯然",是表示答应,唯命是从的意思。

丁三　正说

戊一　如来果德

己一　大乘出生会诸善

正说中有三大科,初《一乘章》,总明佛果的功德——菩提涅槃,也即是明一乘。自第六《无边圣谛章》到第十《一谛章》明如来境智,即佛知见的境界,也即是明一谛。自第十一《一依章》以下明如来藏性。如来智境的一谛,即正法性,一切众生本自具足,而为佛果功德的因依;也即是明一依。于如来果德中有二:一、大乘出生会诸善,二、如来究竟会三乘。

庚一　总会诸善

####### 辛一　法说

即白佛言:世尊!摄受正法者,是摩诃衍。何以故?摩诃衍者,出生一切声闻缘觉世间出世间善法。

说摄受正法,有正法、大乘、波罗密三事。上一章,明摄受正法即正法,即波罗密,即摄受正法者;明摄受正法的广大殊胜,即意明大乘。到此,始明确点出,所以,"摄受正法","是摩诃衍"——大乘,可视为上来的结论,也据此以生下文,为一乘一谛一依所本。"何以"要说摄受正法是大乘呢?"摩诃衍"是大乘的梵语,大乘的所以名大,由于它能"出生一切声闻缘觉世间出世间善法"。声闻、缘觉是二乘善法。世间是人天法;出世间是声闻缘觉菩萨法。这五乘善法都依大乘——摄受正法而出生,如摄受正法即正法中说。

辛二　喻说

世尊!如阿耨大池,出八大河,如是摩诃衍,出生一切声闻缘觉世间出世间善法。

"阿耨"达"大池",华语无热池,在雪山香山的中间。本经说"出八大河",与《涅槃经》同。但其他经论都说出四大河。四大河是:恒河、印度河、缚刍河、徙多河,这四大河都从阿耨达池流出。现在说出八大河,古来的解说是:每一大河,又有四支流为眷属,所以《阿含》、《婆沙》都说二十河。今以佛出东方,以恒河为本,及恒河四眷属河为五;加余方的印度河、缚刍河、徙多河,即成八河。次合法说:"如是摩诃衍",如阿耨达池;"出生一切声闻缘觉世间出世间善法",如从大池流出的八大河。

世尊!又如一切种子,皆依于地而得生长,如是一切声闻缘觉世间出世间善法,依于大乘而得增长。

大池喻出生,此种子喻增长。"如一切种子",种子有根茎等五种,喻五乘善法,"皆依于地而得生长"。根等的种子,如不安置在田地里,是不会生长的。"如是,一切声闻缘觉世间出世间善法",都"依于大乘而得增长"。大乘法如地,世出世间五乘善法如五种子。

辛三　结说

是故世尊,住于大乘摄受大乘,即是住于二乘摄受二乘一切世间出世间善法。

世出世间善法,依大乘而得出生与增长,"是故"凡属修学大乘法的,能安"住于大乘,摄受大乘",于大乘法爱乐精进,"即是住于二乘,摄受二乘",以及"一切世间出世间善法"。这可作二释:一、如依大乘法而住,声闻、缘觉等五乘法也自然能成就,如栽竹而鸟自然飞来一样。菩萨住于大乘法中,二乘等善法也自然成就,不必另为人天二乘善法而修加行。二、大乘法出生一切善法,菩萨住大乘中,大乘即含摄得人天二乘的善法。二乘等善法,即是大乘的初门。如《法华经》,以趣宝所喻而说五百由旬。菩萨经历五百由旬;二乘的三百由旬,不就是五百的前三百吗?所以从大乘菩萨道的观点,二乘法即是菩萨法,菩萨的功德智慧中含摄了二乘的功德智慧。所以,不是说先学小乘,再学大乘,而是说学了大乘法,就含摄得二乘功德。同时,切勿以人天善法、声闻缘觉法为不足学,这些善法,大乘法中必然具足。

庚二　别会六处

辛一　总明

如世尊说六处,何等为六?谓正法住、正法灭,波罗提木叉、

毗尼,出家、受具足。为大乘故,说此六处。

这是于五乘正法中,别会声闻法的六处入大乘。有六事,为佛法起行生智处,名为六处,这都是关于戒律方面的。说如来常住、究竟一乘的教典,都重视戒律。如《涅槃经》、《大云经》等,这应该与重律的学派有关。勿以为大乘是可以轻视戒的!在一乘中,戒与大乘法不相违。

六处,是佛所曾说过的,所以说"如世尊说六处"。六处是:"正法住、正法灭,波罗提木叉、毗尼,出家、受具足"。六处为三对:一、正法住与正法灭为一双。正法,或与像法相对,如说正法千年,像法千年。或总称如来圣教,如《正法灭尽经》等说。正法住世,即佛法住世。依声闻乘学者说:出家者能依戒律和合而住,如法羯磨、说戒等,即正法住世;若出家者不能如法如律而住,即正法灭。二、波罗提木叉与毗尼为一双。波罗提木叉,译为别别解脱。如比丘、比丘尼戒经,是一条一条的,能受持此戒,身口意的恶业即得别别解脱。如受不杀生戒,杀生的恶业即得解脱。持一一戒,即别别的解脱毁犯恶业,所以名为别解脱。毗尼,译为调伏,或译为灭。如法律的修学,对于身口七支的恶业,就能降伏而灭除了。波罗提木叉与毗尼,其义是相近的。不过,波罗提木叉约别说,毗尼约总论;或波罗提木叉是止持,毗尼不但明止持,还说作持;波罗提木叉狭,而毗尼含义宽。三、出家与受具足为一双。出家,指离开父母、妻子的家庭关系,放弃家族的私有财产,从佛受归依,而度着乞食的生活。受具足,是受比丘、比丘尼戒。具足是圆满的意思,圆满即涅槃,所以或译为受近圆戒。即受了这种戒,就趋向邻近涅槃。佛说的六处,侧重于出家的声闻弟子，但不要以为局限于小乘，因为佛本是"为大乘"法而"说此六处"的。六处依大乘法而来，为大乘而说，实为大乘的内容与方便，所以六处即会归于大乘。

辛二　别释

何以故？正法住者为大乘故说，大乘住者即正法住；正法灭者为大乘故说，大乘灭者即正法灭。波罗提木叉、毗尼，此二法者，义一名异。毗尼者即大乘学，何以故？以依佛出家，而受具足，是故说大乘威仪戒，是毗尼，是出家，是受具足。是故阿罗汉无别出家受具足，何以故？阿罗汉依如来出家受具足故。

怎知为大乘说此六处呢？先约正法住灭说。正法的住世与灭尽，依大乘说，"正法住"世，根本就是"为"了"大乘"而"说"的。世间有大乘法，有修学大乘者，"大乘住"世，"即"是"正法住"世。同样的，"正法灭"，也是"为"了"大乘"而说。如世间没有依大乘而修行的，"大乘"法即"灭"，也就是"正法灭"。正法，本约佛的所证说；大乘即正法，大乘行者即正法的摄受者。所以正法的住与灭，实依大乘而说。出家的佛子，能依律而如法修学，大乘法即能住世，并非离大乘的根本，如声闻者所说的。依《涅槃经》说，正法是不会灭的；说正法灭，约一分小乘说。依大乘说：说经过几久正法就灭，是佛策励我们的。正法本无所谓住灭，其关键在乎人。人不能依大乘学，正法即灭；有人修学，正法即住。

次约"波罗提木叉"与"毗尼"说：这"二法"，探究它的含

"义"实是同"一"的,不过"名"字有"异",这已如上面说过。这也不是声闻乘的,与波罗提木叉无异的"毗尼","即大乘学"。因为,"依佛出家,而"后才得"受具足"。受持具足戒,即成毗尼与波罗提木叉。先出家,次受戒,一般都以为是小乘。其实,毗尼与波罗提木叉,从受具足而安立;受具足,又是依佛出家而有的。一切从佛而来,依佛出家,受具足戒等,从大乘法海所流出,即大乘法的一分。"故说大乘"是"威仪戒,是毗尼,是出家,是受具足"。威仪戒,即波罗提木叉——别解脱戒的古译(《阿毗昙心论》也如此)。推究声闻法的根源,知道无一不含摄在大乘中,无一不从大乘中流出,所以这一切即大乘学。

　　出家与受具足,上面已顺便说到,今别会入。依上解说,"是故"声闻的"阿罗汉"们,"无"有"别"异的"出家"与"受具足"。阿罗汉,译为应供、应杀贼、应无生,即声闻乘的第四果。约世俗称誉而说,可通四果,即指声闻法的行证者。他们没有别异的出家与受具足,因为诸"阿罗汉"是"依如来出家"、依如来"受具足"戒的。如离了如来,即没有出家与受具足。所以声闻经律中,称他们为"随佛出家"者。从六处去别别推究,可见这都是为大乘而说。

己二　如来究竟会三乘

庚一　开章略说

阿罗汉归依于佛,阿罗汉有恐怖,何以故?阿罗汉于一切无行怖畏想住,如人执剑欲来害己,是故阿罗汉无究竟乐。何以故?世尊!依不求依,如众生无依,彼彼恐怖,以恐怖故,

则求归依。如是阿罗汉有怖畏，以怖畏故，依于如来。

上来的六处为大乘说，即论到阿罗汉的无别出家受具足，他们是依于佛的。显示二乘的根源为如来，这可以进一步说明二乘不究竟，会归于如来究竟的一乘了。

一、"阿罗汉归依于佛"；二、"阿罗汉有恐怖"：这略开二章，二大论题。归依三宝，虽也归依阿罗汉僧，然实以如来为本。佛时，大弟子游化人间；有人闻法欢喜而求归依的，每说："莫归依我，应归依如来。"佛为究竟归依处，不但常人应归依佛，即阿罗汉自身也还是归依佛。这是《阿含经》与毗尼所常见的。恐怖，是生死恐怖。生死未了，长夜茫茫；当老死到来时，内心总不免恐怖。依声闻乘学者说，阿罗汉是了生死，得涅槃，没有恐怖了的。其实，还有恐怖。依《阿含》及毗尼所说，比丘修无常，特别是修不净观的，极端地厌恶世间，常受老病饥渴的困恼，因而有自杀的。所以说："愚夫于无间狱受剧苦蕴，生苦怖心，不如众圣于有顶蕴。"所以一旦放舍身命，看作"犹如舍毒器"一般。声闻圣者，于生死流转是有极重苦怖的。

次略解罗汉的有恐怖。"阿罗汉于一切无行怖畏想住"，这可作二释：一、约有余依说：一切行是生死流转法，一切无行，即无生死的涅槃。罗汉虽说已了生死，于涅槃中住，但还有怖畏心。如小孩为狗所怖，投到母亲的怀抱中，仍有恐怖一样。所以经中举喻说："如"有"人执剑，欲来"伤"害"自"己"，虽自己已到达安全区，但还是心有余怖，战兢不已。因此，"阿罗汉"虽说证涅槃，但"无究竟"的安"乐"。律中说：佛在王舍城，提婆达多放醉象害佛时，诸阿罗汉都逃散了，这是罗汉有怖畏心的明证。

二、约无余依说：行即道行，阿罗汉虽已修道，而没有一切道行，没有修集断无明住地而证得的种种功德智慧；还有变易生死；不能通达生死涅槃的平等性，仍不免有恐怖，不得究竟安乐。

再从有怖畏而论到归依佛。"依不求依"，这是说，凡能为人作归依的，他决不再别求归依。自己已得究竟自在，还依他做什么？如世间的"众生"，是"无依"无怙的，有"彼彼"——各式各样的"恐怖"：如不活畏、恶名畏、大众畏等。因为有"恐怖"，所以别"求归依"，如一般的归依山神、水神、梵天、玉皇、上帝等；佛弟子归依三宝。虽所归依的对象不一，而归依的动机是一致的由于有怖畏。"如是，阿罗汉有怖畏"心，因"怖畏"心，而"依于如来"。有怖畏心，归依如来，可见阿罗汉的不安乐、不究竟。

庚二　依章广说

辛一　二乘有生死怖畏

壬一　略说

癸一　举智断以明宗

世尊！阿罗汉辟支佛有怖畏，是故阿罗汉辟支佛，有余生法不尽故有生；有余梵行不成故不纯；事不究竟故当有所作；不度彼故当有所断。以不断故，去涅槃界远。

先广释有怖畏。又先略说，"阿罗汉"与"辟支佛"都是"有怖畏"心的。辟支佛即缘觉，也就是独觉，于佛不出世时自悟得证。阿罗汉必从佛出家受具足；辟支佛，也有不从佛出家受具足的，所以上文但说阿罗汉。然有怖畏心，所证悟的境界都与罗汉一样，所以此处并举二乘。二乘的有恐怖，由于智德、断德的不究竟，依《阿含》及毗尼说，证阿罗汉果的圣者能自记："我生已尽，梵行已立，所作已办，不受后有"；经律中也常以此赞叹阿罗汉。声闻学者（一切有部）说：我生已尽，生是生分，指烦恼，所以是断集智。梵行——道已立，是道已修成就了，是修道智。所作已办，约证涅槃灭谛说。出家所要作的，是了生死而证涅槃，大事已办，为证灭智。不受后有，是知苦智。现在生死是本有，未来生死是后有，苦果断尽无余，这一生死了，不再起未来生死，故名不受后有。总合地说：于四谛能知苦、断集、证灭、修道，究竟完成，为二乘圣者所证得的境界。依本经说，二乘于四谛的知断证修，是没有做到究竟的。他还有生死怖畏，"故"知"阿罗汉辟支佛，有余"变易"生"死"法不尽"，"故"仍"有生"，不能说我生已尽。我生已尽，约知苦智说。《阿含经》摩呾理迦（《瑜伽论》八三）也有此说。"有余梵行不成"就，所以所修的道"不纯"。契经每说"纯一梵行"，无漏道行、再没有一些烦恼夹杂，方名为纯。二乘还有烦恼，所以修道还没有到达纯一究竟，不能说梵行已立。二乘为了证涅槃灭，但还不是真正涅槃，如《法华经》说："我虽说涅槃，是亦非真灭。"应作的"事"，既"不"曾到达"究竟"，而"当"来还要"有所作"，这不能说所作已办。不受后有，本经约断集智说。二乘虽断除了四住烦恼，而无明住地还未断，"不"曾能完全"度"过"彼"烦恼大海，"当"来还有生死，还"有所断"，这不能说不受后有。上来说明了二乘的智德未圆。因为不尽、不纯、不究竟，所以二乘"去涅槃界"还"远"呢！

涅槃界,即最清净的无漏法界。这即是二乘的断德未成。《法华经》说:二乘所到达的是中途的化城,去宝所还有二百由旬。由于二乘的有怖畏,得到了二乘智未圆、断未成的结论;也正因为智断没有圆成,所以还有怖畏。

癸二　约权实以明义

何以故?惟有如来应等正觉得般涅槃,成就一切功德故;阿罗汉辟支佛不成就一切功德,言得涅槃者,是佛方便。唯有如来得般涅槃,成就无量功德故;阿罗汉辟支佛成就有量功德,言得涅槃者,是佛方便。唯有如来得般涅槃,成就不可思议功德故;阿罗汉辟支佛成就思议功德,言得涅槃者,是佛方便。唯有如来得般涅槃,一切所应断过皆悉断灭,成就第一清净故;阿罗汉辟支佛有余过非第一清净,言得涅槃者,是佛方便。

上面"何以"说阿罗汉辟支佛所得四智不圆满,及还没有证涅槃呢?因为,"惟有如来应等正觉得般涅槃",究竟的圆证涅槃,只有佛。梵语般,是入义。涅槃,旧译为灭、灭度,实含有二义:一、消散义,即种种苦痛都已消灭;二、安乐义,即解脱苦痛而自在。所以玄奘译为圆寂,即德无不圆、累无不寂的意思。本经举四种功德,说明如来所得的涅槃,也合此二义。如来能得般涅槃,因为他"成就一切功德"。而"阿罗汉辟支佛,不成就一切功德",所以说去涅槃界远。二乘实不能得般涅槃,而《阿含经》等说阿罗汉"得涅槃",这"是佛"的"方便"说,是权巧的假说,不是究竟的真实说。

这样的开权显实，一共有四节，文义都大同。差别的，第一是成就一切功德，第二是"成就无量功德"，第三是"成就不可思议功德"。一切，就功德的总相说，赅括一切的一切。无量，就一切功德中，每一功德又有无量差别。不思议，是说这无量无边的功德，不是人天、二乘、菩萨所能思议的。这三节，总明佛般涅槃的德无不圆。

第四是第一清净功德："唯有如来得般涅槃"，因为"一切所应断"的"过"患，"皆悉断灭"。过即过患，指一切烦恼及习气，这一切是应断除的，而佛已经都断除了，即涅槃的累无不尽义。"成就第一清净"，清净即一切众生本具的法界性或如来藏性。虽本性清净，而佛的无漏法界为最清净法界，是远离了一切烦恼及所知障所显，所以名第一清净。"阿罗汉辟支佛"，还"有"剩"余"的"过"患，不断所知障习，所以所证法性"非第一清净"。

《一乘宝性论》，初依《宝鬘经》释。次说：八地菩萨得一切功德，九地菩萨得无量功德，十地菩萨得不可思议功德，佛得第一清净功德。然这里是明佛的涅槃胜过二乘，不须约菩萨地说。

癸三 辨深浅以结成

唯有如来得般涅槃，为一切众生之所瞻仰，出过阿罗汉辟支佛菩萨境界，是故阿罗汉辟支佛，去涅槃界远。

再结论说："唯有如来得般涅槃。"也就因此，唯有佛"为一切众生""所瞻仰，出过阿罗汉辟支佛菩萨境界"。出过即超胜义。如来般涅槃，是超胜过二乘果德及大乘因地。菩萨，即大乘因位；就是最后身菩萨，也不如佛。约此义，也可说会三乘归一佛乘。"是故阿罗汉辟支佛，去涅槃界远"。上文说佛超过三乘境界，而结说但明阿罗汉、辟支佛。这因为，二乘极果自以为所证的涅槃是究竟的，而菩萨从来即以成佛为究竟，不以菩萨为究竟，所以佛超胜菩萨，而不须说菩萨去涅槃界远。所以说二乘涅槃是方便、是权说，不能说大乘涅槃是方便权说。古代于三乘外，别立究竟一乘，实在无稽！

壬二　广明

癸一　略标有余教

言阿罗汉辟支佛观察解脱四智究竟得苏息处者，亦是如来方便有余不了义说。

上来略说，特重二乘的涅槃非真；此下广明，特重二乘的四智未圆。佛在《阿含经》等曾说：阿罗汉辟支佛观察解脱四智究竟得苏息处。观察解脱，即阿罗汉所证五分法身——戒、定、慧、解脱、解脱知见中的解脱知见。阿罗汉辟支佛确切地知道：我已得解脱，知道自己解脱到什么程度。究竟二字，可通上下文读。若顺上说：阿罗汉辟支佛观察解脱四智究竟，即是说明二乘解脱知见的内容，自觉于四谛智得究竟。若顺下说：究竟得苏息处，即明究竟涅槃。息即休息，苏即苏醒，苏息处，意指从生死中得解脱而有的自在，也即是涅槃。《法华经》火宅喻说：诸儿为得车乘玩好，出于火宅，露地而坐，即是此意。经中虽曾这样说，但这当然也"是如来方便有余不了义说"。方便说，对真实说，是权巧方便的假说。如来说法，有有余意、无余意二类。有余意说，不能如语文的表面作解，因为这是或约少分、或约特殊等而说;无余意说,即可如所说解义,更无余意。有余意说,是方便假说;无余意说,是究竟说。不了义说,对了义说。了,即完了,对于所说的,已经究竟显了而无遗余,也即是究竟彻底的意思。如说诸法无我,这是了义说;若说有有情、有众生,即是不了义说。现在说:阿罗汉辟支佛观察解脱四智究竟得苏息处,这是如来的方便说,非真实说;是有余意说,非无余意说;是不了义说,非了义说。

癸二　别释权实义

子一　约分段生死通昔说

丑一　别说二死

何以故? 有二种死,何等为二? 谓分段死,不思议变易死。分段死者,谓虚伪众生。不思议变易死者,谓阿罗汉、辟支佛、大力菩萨意生身,乃至究竟无上菩提。

通释上来所说的方便说,从二种生死去说明:平常说了生死,其实"有二种死"。一般都称为二种生死,本经但说死。可作如此释:从生到死,一般都特别感到老死的恐怖,所以这里但约二种死说。"二"种死是:"分段死,不思议变易死"。分段死,即如我们的生死,三事和合结生名生,生了以后经数十百年,寿暖识三离灭名死。死了又生,生了又死,一期一期的生死,是分为一段一段的,也可说是分位生死。这种分段生死,如一般凡夫、二乘中,未证得无余依涅槃的都是。变易生死,是没有这分段相的。虽前后延续,无分段的生灭相,然而还在刹那不住地生灭变化着。此如生灭,一般人的分段死,如分位生灭;变易死,如刹那刹那变化的刹那生灭。一般所说的阿罗汉辟支佛入无余涅槃，即没有了分段生死，而还有微细生灭的前后相续。这种微细的生死，不是凡夫、二乘所能思惟的，所以名不思议。本经解释说："分段死"，"谓虚伪众生"，虚伪即虚妄，是不真实义。唐译为相续。相续有三种：即烦恼相续，业相续，苦相续。合三相续为分段生死。凡夫而外，二乘入无余依涅槃前、菩萨未得无生法忍前，都是分段生死。"不思议变易死"，是"阿罗汉、辟支佛、大力菩萨意生身"，一般所说的入无余依涅槃的阿罗汉辟支佛，即起意生身的变易生死。大力菩萨，即悲愿神通自在的菩萨。阿罗汉、辟支佛、大力菩萨，这三种圣人都还有变易生死。意生身，或译意成身，这种身是很微妙的。意有三种作用：（一）无碍，（二）迅速，（三）遍到。三种圣人所得的微妙身，如我们的意识，不受时空的限碍而迅速一样，随意所成，所以名意生身。意生身还是生灭变化的，一直到"究竟无上菩提"——成佛，生灭变化的意生身才没有。因为，唯有佛地，障习都清净了，功德都圆满了，无欠无余，再没有变易的可能，所以赞佛为常恒不变清凉。

　　这里，应一谈意生身。一、《阿含经》中，意生身也是有的。什么是意生身？有处约中有身说：如从人中死到傍生中受生，在这人死以后，未生畜生间，也有生死身，名中有，或称意成身。或约色无色界身说：《阿含经》也说二种涅槃：一、有余涅槃，二、无余涅槃。约古典的《阿含经》义说：得不还果，名有余涅槃；得阿罗汉果，名无余涅槃。三果圣人，上生而更不还来欲界受生，所得上界身，即名意生身。佛在世时，优陀夷与舍利弗曾诤论意生身有色无色的问题，优陀夷硬说意生身是无色的，被佛呵斥。这样,阿那含果得有余涅槃,有意生身;阿罗汉果得无余涅槃,意生身也没有了。今《胜鬘经》略为不同:阿罗汉辟支佛是有余涅槃,有变易生死,名意生身;证得无上菩提,才是无余涅槃,无意生身。由此可知,《阿含经》中,约声闻行者,辨有余无余及意生身。而大乘同据这种旧说而予以新的解说,约二乘果与佛果,而辨有余无余与意生身。所以我常说:佛法本无大小,一切是依着同一的传说,而作不同的解说。

二、大力菩萨意生身,约菩萨位次说,这略有二说:古典的解说,如《大智度论》说"七地菩萨舍虫身"。他是主张七地菩萨得无生法忍的,舍虫身即舍分段身。一般众生的身体,是一大虫聚。因为是虫聚,所以有病有老有死。今七地菩萨舍虫身而得法性生身——意生身,虽有刹那生灭,而不再有一般的病老死苦。由此,七地菩萨以前有分段生死,七地以后有变易生死的意生身。《法鼓经》也如此说:"七种学人及七地住菩萨,犹如生酥。意生身阿罗汉辟支佛得自在力及九住十住菩萨,犹如熟酥。"前面说七种学人(小乘)及(大乘)七住地菩萨如生酥,后面又说及九住十住菩萨,可见得意生身的阿罗汉辟支佛及得自在力的菩萨,即第八(住)地。这是从来有异说的,或说七地得无生忍,或说八地得无生法忍。此七地或八地以上,只有变易生死的意生身,大体还是一致。但在法相的经论中,所说又不同,如真谛译的《无上依经》、《佛性论》,及功德贤译的《楞伽经》,都明显地说初地菩萨得意生身。《楞伽经》专约菩萨说有三种意生身:一、三昧乐正受意生身,指初地到六地的菩萨。二、觉法自性意生身,即七地与八地菩萨。八地的意生身,与阿罗汉辟支佛所证的涅槃相等。三、种类俱生无作行意生身，这是九地十地菩萨的意生身。如依此说，那么本经名大力菩萨，应等于《楞伽》的觉法自性意生身。此二说本有不同，然古人的会通，或依龙树说：钝根七地得无生法忍，利根初地得无生法忍。唯识者说：智增上菩萨，初地得意生身；悲增上菩萨，八地得意生身。

丑二　成立四智

二种死中，以分段死故，说阿罗汉辟支佛智我生已尽；得有余果证故，说梵行已立；凡夫人天所不能办，七种学人先所未作，虚伪烦恼断故，说所作已办；阿罗汉辟支佛所断烦恼，更不能受后有故，说不受后有。

上辨二种死，即为了说明过去说二乘四智究竟的意趣。所以接着说：在这"二种死中"，约"分段死"，"说阿罗汉辟支佛智我生已尽"，并不是约变易死说的。阿罗汉辟支佛修习圣道，能"得有余"的"果证"，所以"说梵行已立"。二乘的圣道——梵行，能得阿罗汉的有余果，而不能得如来的无余果证。二乘所得的有余果证，是"凡夫人天所不能办"的：声闻的"七种学人先所未作"。小乘有二：一学人，二无学人。得阿罗汉果名无学；以前有七种学人——初果向、初果、二果向、二果、三果向、三果、四果向，名学人。凡夫人天所不能办，七种学人也还未作到，而阿罗汉辟支佛是作到了。即约此"虚伪烦恼断"，"说所作已办"。虚伪烦恼，即见所断惑八十八及修所断惑十。依本经下文说，即断了四住烦恼。"阿罗汉辟支佛所断"的四住"烦恼"被断除以后，"更不能受后有"，所以"说不受后有"。这样，尽分段生死苦,断能招分段的四住烦恼,修有余的圣道,成办有余的灭谛;佛约此而说二乘得四智究竟。

子二　约无明住地论今教

丑一　标

非尽一切烦恼,亦非尽一切受生,故说不受后有。何以故? 有烦恼,是阿罗汉辟支佛所不能断。

阿罗汉所断的烦恼,无力再受后有;但他所断的烦恼,只是一分,还有烦恼没有断除的,还有力量再受生死。所以说:"非尽一切烦恼,亦非尽一切受生,故说不受后有。"本来,生死是苦果,生死的原因是烦恼,烦恼尽了,生死也就不了而自了了。如断树根,树即干枯一样。二乘断分段生死,变易生死还在,这由于还有未断的烦恼,这烦恼,是阿罗汉辟支佛所不能断的。今即从此二乘未断的烦恼,显示二乘有余,而归于究竟的一乘。

丑二　释

寅一　约五住论不断之惑

卯一　无明体别

烦恼有二种,何等为二? 谓住地烦恼,及起烦恼。住地烦恼有四种,何等为四? 谓见一处住地,欲爱住地,色爱住地,有爱住地。此四种住地,生一切起烦恼,起者,刹那心刹那相应。世尊,心不相应无始无明住地。

论到二乘的烦恼未尽,先应总明烦恼头数,才能确明二乘所不断的是什么。

烦恼，是烦动扰乱，使现在未来的身心不得安隐。统而言之，"烦恼"可分为"二种"，二种是"住地烦恼，及起烦恼"。住地，唐译为习地，习即熏习。地有所依住与能出生的意义。如草木，从地而生，依地而住。起是现起，即显现于现在的现行。如疟疾，潜伏期，如住地；冷热发作的时候，即现起。烦恼也如此，贪心或嗔心现起时，是起烦恼；有时虽不现起贪嗔，如常人的欢喜布施时，如婴孩及熟睡无梦时，不能说他没有烦恼，烦恼还是潜在的，这就叫住地。住地即熏习，种子；起即现行。

　　"住地烦恼"又可分为"四种"，即是"见一处住地，欲爱住地，色爱住地，有爱住地"。这可约二方面说：一、约修行断烦恼说：可分为二种，即见道所断的与修道所断的。见是证见谛理。见谛时所断的，为迷理的，即迷于真理、障碍正智的烦恼。一旦正见谛理，惑也就息灭了。然见道虽能断迷理的烦恼，但还有未断的——修道所断惑；这是迷事而起的。触境随缘，于事相还生起种种的错乱染著。例如鸦片，嗜好的如以为是有益的，这是颠倒是非；如了解它是毒品，不再以为好的，即颠倒想除。此如见断的见谛所断。可是，虽知鸦片是毒品，瘾来了仍不免要吸它，这是事的染著；如修道所断惑，要逐渐地舍除它。所以说："理必顿悟，事则渐消。"证见的悟道，不是一切都成就了，还得从现实生活去不断练磨（修），消除不合理的染著。二、约烦恼说，也可分二种，即属于见的与属于爱的。见惑是思想的错误，如执我执常等。爱是事行的染著，如贪嗔等。今综此二意，解释四种住地：见一处住地，是各式各样的见，集在见所摄的一处，而是见道时一处顿断的。见有执著性，坚定地认为如此。《璎珞经》分为七见,即我见、常见、断见、邪见、见取见、戒禁取见、疑见,此即见道所断的属见的一切。《阿含经》说:断三结,得须陀洹果;三结就是我见、戒禁取、疑——七见的重要者。属于爱的,又分为三种,这因为修道所断惑是三界分断的:欲界的修所断惑,色界的修所断惑,无色界的修所断惑。欲爱住地,即欲界的一切修所断烦恼;色爱住地,是色界的一切修所断烦恼;有爱住地,是无色界的一切修所断烦恼。这都是爱所摄的,所以都名为爱。外道误认无色界为涅槃,不知这仍在生死中,所以名为有——生死的存在爱。修所断惑,《璎珞经》中说为六种著,即贪、爱、嗔、痴、欲、慢。贪、爱、欲三,即三界爱的别名。《璎珞经》所说,与一切有部的见断八十八随眠相合,不过开合的不同。

"此四种住地,生"起"一切"现"起"的"烦恼"。从见一处住地,生一切见的起烦恼;从欲爱住地,生一切欲爱所摄的起烦恼;从色爱住地,生色爱所摄的一切起烦恼;从有爱住地,生有爱所摄的一切起烦恼。所以起烦恼,从住地烦恼说,也应有四种。

起是什么意思?"起者,刹那心刹那相应"。刹那是生而即灭的一念的别名;心是刹那刹那的,名为刹那心。烦恼刹那生起,与刹那心相应,名刹那心刹那相应。烦恼是心所,心是心王,王所是相应的。如眼识了别色境,与之相应的烦恼也在色境上转。心与烦恼,所缘同,行相同,同时的相应而合作,名为相应。但住地是不与心相应的,如心起善时,并无起烦恼相应,而住地烦恼还是潜在的;它不与刹那心同缘同事。这"心不相应"的,为"无始无明住地"。

依上文说,烦恼有二种:(一)住地,(二)起。住地有四,从四住地生起的是起。起烦恼是心相应，心不相应的名为无始无明住地。此无始无明住地，与四住地是同还是异？四住地，是心相应还是不相应？四住地，是住地，当然也是心不相应的。依本经所说，四住地而外，别有无始无明住地。所以一般所说的五住烦恼，实以本经所说为本。在本经译者——求那跋陀罗所译的《楞伽经》（卷四）中，每说"四住地无明住地"。虽对校魏唐的《楞伽》译本，只说四种熏习、四种地，或四种习。但依本经及《璎珞经》，四住地外，应别有无始无明住地。所以依本经辨析，起烦恼有二：（一）是四住地所起的——恒沙上烦恼，（二）是无始无明住地所起的——过恒沙上烦恼。住地烦恼也有二：（一）是四住地，（二）是无始无明住地。

佛法本源于《阿含》、毗尼，今略为叙述。总摄一切烦恼，为见一处及三界爱——四种，为佛法共义，大乘不共说有五种。然《阿含》及毗尼说：阿罗汉断烦恼，但有不断的，名为习气。此习气，即本经的住地。罗汉不断习气，辟支佛稍侵习气，唯有佛烦恼习气一切断尽。二乘不断的习气，在声闻学派中称为不染污无知。无知即无明的别名；习气，是极微细的无明，这与大乘的无明住地一致。龙树说："声闻辟支佛习气，于菩萨为烦恼。"声闻学者以为习气是不染污的，无碍于生死的；而在大乘学者看来，习气是微细的染污，还是要招感变易生死的。二乘不断、而唯佛断尽的无明，大乘学者说，菩萨在修行中已分分渐除，佛究竟断尽无明。所以，或分无明为十一重、二十二愚等。大乘所说的无明住地，实为根本教典所固有的，不过与声闻学者解说不同。

又《阿含经》中说烦恼有缠与随眠的二类；声闻学者大抵以为缠是心相应的，随眠是心不相应的。心不相应的随眠，是潜在而没有现起的，经部师等即解说为种子或熏习。所以见一处与三界爱烦恼，约种习与现起说，即四住烦恼（随眠）及起烦恼（缠）。这都是二乘所能断的——四住及起；而不能断的，是无始无明住地。本经即综合这些教义而建立。四住的起烦恼，最明显无净；而习地的称为无明，也是一般所公认的，所以本经在说到起烦恼的心相应时，即说心不相应的无明住地。而心不相应的四住地与无明住地的起烦恼，且略而不论。天台宗说：烦恼有见思、尘沙、无明的三惑。见思惑即四住地，尘沙惑即从无明起的过恒沙烦恼，无明惑即无明住地，这实依本经而立。然应大分为二，别分为四：一、四住地，二、无明住地。此二类各有它的起烦恼。

《璎珞经》说见（七）爱（六）的四住地，以见烦恼为生得一住地，爱烦恼为作得三住地。由于无明不了一法界相，无始来即存在，名无始无明住地。依《璎珞经》意，不了一法界的无明，是无始而有，极难理解。因无明而众生起一念识，心住于缘（即成为心境相关的存在）时，即生得有见烦恼。因迷理的见惑，又起作得的爱烦恼。生得与作得，都称为住地，也应都有现起的。所以生得与作得，并非种子与现行，而是本性成与习所成（依现成种，种又生现）。由性成的生得，引生习成的作得。心境的相对存在时，就有生得的烦恼的存在。但此生得以前，昧然不觉而还不可说心说境时，就是无始无明住地。无始的无明，不但凡小不知，十地菩萨也不能知道究竟，唯佛能知。所以，《璎珞经》的五住地,是可以假说为从无明而生得见,从见而作得爱,分为三阶段的。此与本经略不同:见爱四住地,是没有说到生得与作得,而是同有住地与现起。但此依烦恼微细根源的无始无明住地,并无不同。

卯二　无明力大

辰一　法说

世尊！此四住地力,一切上烦恼依种,比无明住地,算数譬喻所不能及。世尊,如是无明住地力,于有爱数四住地,无明住地其力最大。

　　无明住地,比于四住烦恼,力量要大得多。先法说。"此四住地"的功"力",为"一切上烦恼依种"。上烦恼,或译为随烦恼,名义有通有别。约通义说:一切烦恼都是随逐心识而烦动恼乱的,或依随种习而生起烦恼的,所以一切烦恼都可名随烦恼。约别义说:烦恼中有根本烦恼,如见爱等,即依于分别四住的(如有部九十八随眠等)。此外,如无惭、无愧、忿、恨、掉举、惛沉等,是依贪等烦恼而生起的,是烦恼的分位等流,所以名随烦恼。这里,应约通说,依心依种习而生起的名随烦恼,也就是前面所说的起烦恼。这一切起烦恼,以四住地烦恼为种,以四住烦恼为所依。一切起烦恼依四住地而生起,四住地的力量是很大了,但是"比无明住地"的力量,"算数譬喻所不能及"。两相比较,或用数目——如说八分之一(八与一之比)、十六分之一(十六与一之比)等,或比喻——如说恒河沙、微尘等。无明住地的力量,比起四住地的有限力量来,是不可以用算数譬喻去较量的。"如是,无明住地"的"力"用,比"于有爱数四住地,无明住地其力最大"。在四住地中,有爱住地最胜,所以举以例余,数即等类的意思。这里的无明力大义,不是约感招生死说,是从它的深细、不容易断除、为一切烦恼所依说。

辰二　喻说

譬如恶魔波旬,于他化自在天,色、力、寿命、眷属、众具、自在殊胜。如是无明住地力,于有爱数四住地,其力最胜,恒沙等数上烦恼依,亦令四种烦恼久住。

次举魔王为喻:"譬如恶魔波旬"。梵语魔罗,译为杀者,以伤害众生的善法为义。魔,是一切魔的通称。波旬,是这一世界中魔王的名字,译为极恶。恶魔波旬,是四魔中的天魔。居欲界顶,名他化自在天。生他化自在天的有情,不都是魔王,魔王是他化自在天的领导者,和世间的国王一样。魔王占有他人的功力或变化力所得的果实,供自己享受,所以名他化自在。波旬"于他化自在天"中最为殊胜,本经凡说六事:一、"色"殊胜,即相好庄严。二、"力"殊胜,即精力充足。三、"寿命"殊胜,约合人间九百二十亿年。四、"眷属"殊胜,魔子魔孙多得很。五、"众具"殊胜,即资身物的众多精美。六、"自在殊胜",即神通力的自在。魔王有这六种殊胜,比其他的天子天女,是极为超胜的。魔王的殊胜,如无明住地;其他天子天女,如其余四住地。所以说:"如是,无明住地力,于有爱数四住地,其力最胜。"有爱等四住地,有力能为一切起烦恼的依种;而无明住地,不但为"恒沙等数上烦恼依",更能"令四种烦恼久住"。恒沙等数,形容它的数多，一切起烦恼，即一切见修所断的现行烦恼。四种烦恼，即四住地，约种习说。从无始以来延续不断的久住，是由于无明的力量。这样，四住地及依四住地所起的随烦恼，都依无明住地而生起了。这如树木的枝叶花果，依于树干而有的，而干是依根而有的。所以，树根不但为树干的依因，也为枝叶花果的依因。由此可见无明住地的力量之大。

本经的无明住地，即所知障；四住地及上烦恼，为烦恼障。烦恼障是以我我所执为本的，由我我所执而起贪等烦恼，由此而招三界分段生死苦。所知障，是迷于一切法空性，而不能彻了一切所知的实事实理；为一切法空智的障碍。烦恼障是人执，所知障是法执。我执必依于法执，烦恼障是依所知障的；所知障或法执，是烦恼障或我我所执的所依，即此处无明住地为上烦恼及四种烦恼所依的意义。

辰三　结说

阿罗汉辟支佛智所不能断，唯如来菩提智之所能断，如是世尊！无明住地最为大力。

承上文而总结说：无明住地，是"阿罗汉辟支佛智所不能断"的。阿罗汉与辟支佛的智慧，能悟人无我，不能通达法空如来藏性，所以不能断无明住地；这"唯如来"的大"菩提智""所能断"。从它的为烦恼根本说，唯如来能断说，都可见"无明住地最为大力"。

唯如来菩提智所能断，这含有一些问题。一、证菩提智而成佛的时候，无明住地已经断尽了。断此无明住地的，是菩萨最后心的金刚喻定,起如金刚的智慧,能断无明住地。金刚喻定是无间道,成佛得菩提智是解脱道。佛菩提智现前,无明住地再也不会生起了,所以说菩提智能断。

二、菩萨也能断无明,这是大乘的通义。如说断十一重无明(或断二十二重愚)——十地各断一分,等觉断一分而成佛。天台宗说四十二分无明,初住以上能断。贤首宗说五十二分,从初信起就能断无明了。无明住地,即是所知障,而本经说此障唯如来菩提智能断,当知这是约究竟断尽而得般涅槃说的。若约分断说,初地等菩萨也能断。如黑板上写满粉笔字,如揩去三四个,这当然也是揩去了,但也可以说,黑板上的字还没有能揩去。其他经论,约少分断义,说初地等菩萨能断无明;本经约究竟断,所以唯如来能断。又如经论中说得阿耨多罗三藐三菩提,约究竟说,唯如来能得;若约分证说,初地菩萨也能得无上菩提。又如有处说,初地菩萨得无生法忍;有处说八地菩萨得。要知道,大乘的行位,第八地是一特殊阶段。初地以上的菩萨,虽也能证法空性,但真俗未能融通,有相与无相还相杂而起。到八地,真俗能一念并观二谛无碍,纯无相智任运而生。所以多处经中,说八地得无生忍,说八地(或七地)以上断无明习。然有处说初地能断能得,有处又说如来能断能得,约究竟说,唯在如来。总之,经论虽所说不同,事实是不会两样的。这也可以说:约佛法本义说,唯如来(对二乘说)能究竟断,能圆满觉。初期大乘说八地即能断能觉,后期大乘即初地能断能觉了。然站在后期大乘的立场,可以说,约但证法空性说,在初地;约无相无功用的智境说,在八地;约究竟圆满说,在佛地。

卯三　无明业异

世尊！又如取缘，有漏业因，而生三有，如是无明住地缘，无漏业因，生阿罗汉、辟支佛、大力菩萨三种意生身。此三地、彼三种意生身生，及无漏业生，依无明住地，有缘非无缘，是故三种意生身及无漏业，缘无明住地。世尊，如是有爱住地数四住地，不与无明住地业同；无明住地异离四住地，佛地所断，佛菩提智所断。

再说明无明住地的作用不同。

"又如取缘"。即取为缘，取是四住地烦恼的总称。佛曾总约三界见修烦恼，立为欲取、见取、戒禁取、我语取——四取。这些烦恼，都有取著境界招感生死的力用，所以统名为取。分段生死，依四住烦恼的发业润生而感果。因烦恼所引发，而造善不善不动业，名发业。起布施等善心造善业等，也还是由烦恼间接引发的。发业而外，烦恼还有润业而使生起的功力，如谷麦等种，播入土里，还要灌水施肥才能抽芽。由烦恼造业；再经烦恼的滋润熏发，才能感果。烦恼所发所润的业，名有漏业，漏即烦恼的别名。烦恼是招感生死的助缘，"有漏业"是招感生死苦果的亲"因"，由此因及缘，"而生三有"。三有是欲有、色有、无色有——三界报，即分段生死。烦恼有见一处住地等四名，而能感的分段生死有三：（一）造善业生欲界人天善趣，（二）不善业生三恶趣，（三）不动业生色、无色界天。分段生死，有此烦恼、业、果三者，现在举以为例说："如是无明住地"为助"缘"，"无漏业"为亲"因"，能感"生阿罗汉、辟支佛、大力菩萨三种意生身"

的变易生死。什么是无漏业因？唯识家说：是慈悲愿力等。然无漏业因并不能正感生死，所以声闻初二三果，有爱住地烦恼未尽断，如回小向大，仍由烦恼润业。但因悲愿等无漏业熏发有漏业，能转分段身为变异意成身，如神通延寿。如二乘证罗汉果，入无余涅槃，四住烦恼已尽，即不能回小向大了。然本经不应这样说，依嘉祥大师说：如二乘不染污无知，于大乘是染污；如变易生死，对一般的有为生死而名无为生死，其实还是有为的。今称无漏业，也对一般的有漏说，其实还是有漏业。因为阿罗汉辟支佛所修的戒定慧业、菩萨所不共修习的悲愿，都没有究竟清净，所以由无明为助缘，无漏业为亲因，能感变易生死。由此，二乘人就是入了涅槃，也可以回小向大。《大智度论》说：“有妙净土，出过三界，阿罗汉辟支佛生在其中”，这都足以为证。“此”阿罗汉、辟支佛、大力菩萨“三”乘“地”中，“彼三种意生身生，及无漏业生”，都是“依无明住地”而生起来的。无漏业与三种意生身，都是“有缘”而生起的，并“非无缘”。切勿以为四住烦恼已尽，有漏业无惑润生，即没有缘感生死了。“是故，三种意生身及无漏业，缘无明住地”。凡夫也有无明住地，但没有无漏业，所以没有意成身。等到四住地烦恼断了，无明住地的作用才显发出来。如锣鼓声停止的时候，微小的声音就发现了。那时，无明住地即助无漏业而感生意生身。这样，“有爱住地数四住地，不与无明住地业同”。四住地助有漏业而感三有身，无明住地助无漏业而感意生身。所以应确切地认定“无明住地异，离四住地”而别有；这是“佛地所断，佛菩提智所断”，而不是阿罗汉、辟支佛、大力菩萨所能断的。

寅二　约三人辨不断之失

卯一　二乘无漏未尽

何以故？阿罗汉辟支佛断四种住地，无漏不尽，不得自在力，亦不作证。无漏不尽者，即是无明住地。

　　为"何"不说阿罗汉辟支佛也断无明住地呢？因为"阿罗汉辟支佛断四种住地"，无明住地不能断，所以"无漏不尽"。漏是烦恼，有烦恼即不清净，所以二乘的无漏未得究竟。因为无漏不尽，所以虽修圣道，而"不得自在力"。虽证得少分灭，也"不"能"作证"。作证，即是证得涅槃，所作已办而究竟了的意思。这三句，无漏不尽是断集不究竟（兼摄知苦）；不得自在力是修道不究竟；不作证是证灭不究竟。所说的"无漏不尽"，"即是"指"无明住地"而说，这显示了二乘的无漏不究竟。

卯二　三圣智断有余

辰一　总说

世尊！阿罗汉辟支佛最后身菩萨，为无明住地之所覆障故，于彼彼法不知不觉，以不知见故，所应断者，不断不究竟。

　　"阿罗汉辟支佛"断分段生死，自以为是涅槃，其实未得真灭。菩萨以成佛为究竟，未成佛时，当然是不究竟的。所以二乘及"最后身菩萨"直到成佛的前一刹那，都是"为无明住地""所覆障"。由无明住地，蒙蔽真实，不能彻见一切法的如实性相，所以说"于彼彼法不知不觉"，不觉即不见。或知约达一切如幻法相，见约证一切法空性。菩萨虽也分得法空智，分见法空，然未圆满未究竟,故说不知不见。经说菩萨的见法性,如隔轻纱。上明智有余,"不"得真"知"真"见",所以"所应断"的,都"不断",断惑而"不究竟",此说断有余。不断不究竟,是除佛以外三乘圣者所同的。推求所以不断不究竟的根源,即由于无明住地烦恼。

辰二　别说

巳一　约三事明有余

以不断故,名有余过解脱,非离一切过解脱;名有余清净,非一切清净;名成就有余功德,非一切功德。

再分别地说。先说三事有余:"以不断"无明住地,故"名有余过解脱"。过患——烦恼的解脱,是不究竟的,所以仅是有余解脱,"非离一切过"的无余"解脱"。过患没有能究竟解脱,所以离惑所显的真法性,如二乘但见我空真如、大力菩萨见一分法空真如而不彻底,都不够清净,仅"名有余清净,非一切清净"。唯佛证得最清净法界,才是无余清净。阿罗汉辟支佛的戒定慧功德、菩萨的悲愿六度功德,都未究竟,所以"名成就有余功德,非一切功德"。此中,解脱约解脱德说,清净约法身德说,功德约般若德说;三圣都是有余而非究竟的。

巳二　约四事明有余

以成就有余解脱、有余清净、有余功德故,知有余苦,断有余集,证有余灭,修有余道。

这样,因为阿罗汉辟支佛及大力菩萨,"成就有余解脱、有余清净、有余功德"，所以，能知苦而只能"知有余苦"；能断集——烦恼，而只能"断有余集"；能证涅槃——灭，然只能"证有余灭"；虽也修圣道，而只能"修有余道"。阿罗汉辟支佛及大力菩萨，于知断证修的四谛事中都是有余，即根源于无明住地的不断。

辰三　结说

是名得少分涅槃；得少分涅槃者，名向涅槃界。

从上智断有余，三事有余，四事有余，可知阿罗汉辟支佛的证得涅槃，仅"得少分涅槃"。"得少分涅槃"，所以"名向涅槃界"，不是到达究竟涅槃，不过在到涅槃的路上，走向涅槃界而已，所以前面说"离涅槃界远"。二乘的涅槃非真，所以经文结示二乘是向涅槃界；菩萨未得般涅槃是共明的事实，所以略而不论。

卯三　如来乃为究竟

辰一　明常住涅槃

巳一　约四事明

若知一切苦，断一切集，证一切灭，修一切道，于无常坏世间，无常病世间，得常住涅槃，于无覆护世间，无依世间，为护为依。

以下，对二乘有余而说如来究竟。先示常住涅槃的德相，为如来所得。上来说，二乘（与菩萨）不知不见不断，所以三德、四谛都是有余的，不是究竟涅槃。反之，"若"能遍"知"三界内外的"一切"——分段、变易生死——"苦"；"断"四住及无明住的

"一切"烦恼——"集";"证"三界内外的"一切"有漏离系"灭";"修"三乘共及大乘不共的"一切"圣"道",如这样,才能得究竟常住的涅槃。世,有迁流变化的意义,凡堕在迁流变化中的,就名世间。世间即是无常的。坏就是死。也可以说:坏是分位的突变的分段死,所以说"无常坏世间"。病是渐变的变易死,所以说"无常病世间"。离此分位的、刹那的二种无常,就"得"究竟"常住"的"涅槃",在这涅槃界中,不生不灭,再也没有无常的转变。能达到这样的常住涅槃,就可以"于无覆护世间""为护",于"无依世间""为依"了。覆是覆蔽,护是保护,依是依止。世间有情的所以无覆无护无依,就因为一切在不息的变化中,没有究竟的归宿处,也就没有究竟的安隐。如证得常住涅槃,即得究竟的归宿,身心绝对的安乐,再也没有恐怖了。如风雨中得到荫覆,危难中得到保护,孤苦零丁时得到依止处。但这不是说佛为众生的依护,是说常住涅槃为无常世间的依怙。《阿含经》中,每喻涅槃为覆、为依、为护、为洲、为舍宅等,都是约离一切生死怖畏而说。世间是无常的,无常即是苦,所以经中常说:"我以一切行无常故,说三界是苦。"涅槃是常住的,离无常的坏病,即离苦而得究竟的安隐了!

巳二　约三事明

何以故？法无优劣故得涅槃；智慧等故得涅槃，解脱等故得涅槃，清净等故得涅槃，是故涅槃一味等味，谓解脱味。

　　这可说是为常住涅槃下一注解。四事圆满的涅槃,为什么是常住的?"法无优劣故得涅槃",是总说。一切法的本性,是平等而无优劣的,如《金刚经》说:"是法平等,无有高下。"一般说的大乘优、小乘劣,一乘优、三乘劣,浅深高下,都是为了众生转迷成悟所作的施设,如直论一切法性,法性是平等的,有什么优劣可说? 此优彼劣就是相对法,非不二法。法法平等,是本来如此的。因为法法本来如此,所以能证得此无优劣的平等性,就能实现常住涅槃。如有优劣,即有无常变化,即不是涅槃了。由于一切法的本来平等,所以能证的"智慧"也就平"等",称为平等大慧。平等有普遍的意思,智慧达一切法平等,遍一切法而转,所以有平等智。以此平等大慧,断一切烦恼过失,得大解脱自在,所以"解脱"也是平"等"的。约智证离垢所显的"清净"法界说,虽随智而似有分满,而实本性清净,也是平"等"的。智慧等是般若德,解脱等是解脱德,清净等是法身德。从此三德的平等,显得大般涅槃的常住究竟,所以《大般涅槃经》说:涅槃是三德秘藏。这三德的平等,从法性平等无优劣而显。所以在无二的法性中,一切智慧、一切解脱、一切清净,都圆融不二;不即不离,相摄相入,而名大般涅槃。三德一一是绝对究竟不二的,所以如伊三点,不一不异,不纵不横(《宝性论》引此文,明智慧解脱法界的不离)。"是故,涅槃"是"一味等味"的,即所"谓解脱味"。一即不二,等即平等。不二平等,也即是圆满究竟。味,显涅槃是安乐自在的。一切圣者,以证得此法味为究竟;究竟,即是平等不二。如江湖河池的水,一经流入大海,即成同一咸味。众生流转生死时,千差万别;到得究竟涅槃,唯一平等的解脱味,涅槃即在此解脱上显出。这本为《阿含经》旧说,但今从般若、解脱、法身的三德平等,以明涅槃的一味等味。显示了究竟常住的涅槃,非二乘所见的灰身泯智可比。

辰二　明无余断惑

巳一　不断之过失

午一　总说

世尊！若无明住地不断不究竟者,不得一味等味,谓明解脱味。何以故？无明住地不断不究竟者,过恒沙等所应断法不断不究竟。过恒沙等所应断法不断故,过恒沙等法应得不得,应证不证。

　　上文出究竟涅槃体相;但无明住地不断,即不能证得,要无余断惑的佛地,才能圆成。所以说,"若无明住地不断不究竟"的话,就"不"能"得一味等味"的"明解脱味"。明就是般若。前文说解脱味,依《宝性论》所引,也是明解脱味。本来,涅槃是不二而备三德的,所以或简说解脱;或说般若(明)解脱;或详说般若、解脱、法身,意义并无不同。"无明住地"如"不断不究竟",因为它是烦恼根本,所以"过恒"河"沙等"的烦恼——"所应断法",也就"不断"了。如"过恒沙等所应断"的烦恼"法,不"能究竟"断"的话,那"过恒"河"沙"数的一切功德"法,应"该"得"的也就"不"能"得,应"该"证"的也就"不"能"证"。应得不得的是无量道,应证不证的是无量灭。烦恼与道是相违的,道修成了,烦恼就灭;烦恼起了,道就不能修得。又烦恼与灭也是相违的,证灭必然断烦恼;烦恼不断,即不能证灭。所以,这里总括地说:无明不究竟断,就不能断一切烦恼,也不能得一切(道与灭)功德。

午二　别说

是故无明住地积聚,生一切修道断烦恼上烦恼,彼生心上烦恼,止上烦恼,观上烦恼,禅上烦恼,正受上烦恼,方便上烦恼,智上烦恼,果上烦恼,得上烦恼,力上烦恼,无畏上烦恼。如是过恒沙等上烦恼,如来菩提智所断,一切皆依无明住地之所建立。一切上烦恼起皆因无明住地,缘无明住地。世尊!于此起烦恼,刹那心刹那相应;世尊!心不相应无始无明住地。

这里别说不断的过失,且重在烦恼滋生一边。

"无明住地"含摄一切微细的所知障种、烦恼习气,故称为"积聚"。经论说阿赖耶无始来为一切过患所积集;说阿赖耶为过失聚,也与此意相同。过失聚的无明住地,"生一切修道断烦恼上烦恼"。这句话,可这样的解说:生一切修道断烦恼——上烦恼。简单地说,生起一切随烦恼;这一切随烦恼,为修道所断的(唐译缺修道断烦恼句)。此中说的修道断,并非与见道所断相对的修道所断,是泛指道谛应修的修道。修道与随烦恼相违,有随烦恼,即障修道;修道即能断此随烦恼。约别义说,今不论一般凡夫所有的烦恼;然二乘圣者,得无漏道,而有根障、定障,不能得佛一样的深定、大智。声闻学者称此为不染污无知,今即说为从无明住地所起的随烦恼,使二乘及菩萨的修道不得究竟圆满,不得无余清净。这种障于修道,而为大乘不共修道断的,即所知障。

"彼生心上烦恼"下,共有十一句。彼,即无明住地,上烦恼是随烦恼。心上烦恼,是障心的烦恼。或可说,心本性净,修道时,障于自性心而不得究竟净的烦恼。心上烦恼为总说,因为一切随烦恼都是随逐心而为烦动恼乱的。其他十句为别,解义也准前可知。"止"为奢摩他,是寂静的意思。系心一处而不散动,名止。"观"为毗钵舍那,即分别观察。止观与定慧略同,然古德说"止观为定慧之根",即止观重在初修。禅与正受,都是修止所成的定。"禅"那译为静虑,指色界四静虑的根本定说。"正受",梵语为三摩跋提,或译为等至,指四无色定及灭受想定说。方便与智,都是修观所成的智慧。"方便",梵语沤和,即是智慧的善巧;"智"即般若。二者的不同是:达诸法真性的是智,了差别事相的是方便。般若又名根本智或如理智,方便又名后得智或如量智。"果"指声闻果、辟支佛果,以及菩萨的分证果,以道及灭——功德为体。"得"约能证能得的得说。也可说:果是道果,得是灭得。"力"是十力,"无畏"是四无所畏,然菩萨也有十力等。如所说的十一种上烦恼,都是属于修道的,与定慧修证有关,所以不妨说为修道所断上烦恼。这修道的"过恒沙等上烦恼",不是二乘果智及菩萨因智所能断的,唯有"如来"一念相应的大"菩提智所断"。这"一切",皆是"依"于"无明住地之所建立"的;"一切上烦恼"的现"起",无不是"因"于"无明住地,缘"于"无明住地"。总结这一切随烦恼的根源,以显示不断无明的无边过失。《大树紧那罗王经》说:紧那罗王会作乐,大迦叶听了他的音乐,不期然的欢喜得起舞。天冠菩萨见了,便对迦叶说:你是世尊的尊德上座,怎么听了音乐,喜跃得如小儿一样?迦叶说:我是声闻,对三界的五欲虽能不染著,但对大乘微妙功德还不能无染。这可作为二乘所知障习现行的明证。所以，二乘断三界内的烦恼障，而于大乘无漏功德，还有随烦恼现行，古人或称之为界外烦恼。

"世尊！于此起烦恼"，这是呼应前文，结示无明住地与起烦恼的差别。上文，初说住地烦恼有四；次说生起烦恼，四住地及四起烦恼，为二乘所断的；而接着对论起烦恼与无明住地的差别——心相应心不相应。此中说无明住地及生起过恒沙上烦恼，为如来菩提智所断，而为二乘所不断的。接着也对论起烦恼与无明住地的别异。文义影显，实因为初期佛法，但明四住烦恼及四起烦恼。次于四住中，别出甚深细的无明住地；从此而又出过恒沙的起烦恼。《阿含》时举烦恼为见、爱、无明。五住地说，似即偏据此特胜义，以二乘见道断为见，二乘修道断为（三）爱，以如来究竟断尽的为无明。

巳二　能断之功德

午一　一切悉断

世尊！若复过于恒沙如来菩提智所应断法，一切皆是无明住地所持所建立。譬如一切种子，皆依地生，建立，增长，若地坏者，彼亦随坏。如是过恒沙等如来菩提智所应断法，一切皆依无明住地生，建立，增长，若无明住地断者，过恒沙等如来菩提智所应断法，皆亦随断。

说明无明住地断而一切断，先承前依无明而建立说起。"过于恒"河"沙"等，而为"如来菩提智所应断"的烦恼"法，一切皆是无明住地所持所建立"的。建立，是安立的意思。持，是持续不失的意思。接着举喻说，"譬如"谷麦等"一切种子，皆"是"依"于大"地"而出"生"而"建立"而"增长"的。所以反过来说，"若地坏"了，从"彼"所生的种子、芽、茎等也就"随"而失"坏"了。"如是"下，合法。"过恒沙等如来菩提智所应断"的上烦恼"法"，既然"一切"都是"依"于"无明住地"所"生"起所"建立"所"增长"，那么，"若无明住地"究竟"断"了，从它所生起的"过恒沙等如来菩提智所应断法"，自然也就"随"之"断"尽了。三乘所以不能断一切起烦恼，即因未断此无明住地。

午二　一切悉证

如是一切烦恼上烦恼断，过恒沙等如来所得一切诸法，通达无碍，一切智见。离一切过恶，得一切功德，法王法主而得自在，证一切法自在之地。如来应等正觉正师子吼：我生已尽，梵行已立，所作已办，不受后有。是故世尊以师子吼，依于了义一向记说。

上说二乘及菩萨，为无明住地所覆而不知不断，因此三事有余，四事有余。现在反过来，先说能断才能见："如是一切"住地"烦恼"及现起的"上烦恼"，假使能"断"了，那么，也就能证得"过恒沙等如来所得"的"一切诸"功德"法"。二乘及最后身菩萨，为无明住地所覆障，所以于一切法不能如实知觉；如来断尽了，所以于一切法"通达无碍"，得"一切智见"，无所不知，无所不见，成就一切种智。

次说三事无余："离一切过恶"，即一切解脱；"得一切功德"，即一切功德（般若）；"法王法主而得自在，证一切法自在之地"，即一切清净——法身德。王是自由自在；佛于一切法得自在，所以名为法王。主是作得主，佛能转一切法，一切法随佛转，所以名为法主。如于一切法不得清净，被烦恼所系缚，即不能为法主法王了。一切法自在地，是佛地，或称为涅槃山，或说为宝所。法身有二义：约法性说，名一切清净。得最清净法界，由于具一切功德，离一切烦恼所显，所以法身又即是白法所成身，功德聚名法身。离缚而成一切功德，法身即一切自在义。

　　次说四事究竟："如来应等正觉"，能如上所说的，圆证三德大般涅槃，所以能真"正"地作大"师子吼：我生已尽，梵行已立，所作已办，不受后有"。这就是一切苦尽、一切集断、一切道修、一切灭证的四事圆满。三德为佛内证功德，表示出来，就是宣说我生已尽等。"是故，世尊以师子吼，依于了义一向记说"，总结如来的究竟。唯是佛，才能一向肯定地作此了义彻底的宣说。阿罗汉虽也如此说，其实是少分的、不了义的，还须要解说。上来，广明二乘的三事、四事不究竟，佛的三事、四事究竟，根本在无明住地的断与不断：不断无明住地，有变易生死，恒沙烦恼，不具一切功德；断无明住地，就没有变易生死，断过恒沙上烦恼，得一切功德。无明住地是所知障，是声闻学者所称为不染污无知的。依此而明二乘的不究竟，似乎二乘学者也非承认不可。

　　壬三　结成

　　癸一　开大小二途

　　子一　标

世尊！不受后有智有二种。

二乘有生死怖畏，所说的四智是方便说，所以现在结归究竟，会二乘入一乘。

前说智有四种：我生已尽，梵行已立，所作已办，不受后有。这且以不受后有——尽一切烦恼、尽一切受生功能为例。圣者证得圣果，有自证"智"，能知以后更"不受后有"。然不受后有智"有二种"：一、如来智，二、二乘智。

子二　释

丑一　如来不受后有智

谓如来以无上调御降伏四魔，出一切世间，为一切众生之所瞻仰，得不思议法身，于一切尔焰地，得无碍法自在，于上更无所作，无所得地，十力勇猛，升于第一无上无畏之地，一切尔焰无碍智观，不由于他，不受后有智师子吼。

依前所标而解释，先明如来的不受后有智。"如来以无上调御降伏四魔"。调御，如野马野象，性情懭戾，要经过调伏训练才可驾御。众生的烦恼，也暴戾难伏，须以佛法修持，才能降伏。在圣者的调御烦恼中，佛是无上的调御者：自离烦恼而得究竟，是自调伏；又能为调御师，教化弟子，是调伏他。由于如来能无上调御烦恼，离一切过患，所以能降伏四魔。四魔是：（一）烦恼魔，这是众生心中的魔，由此障碍一切功德善法。（二）五蕴魔，众生的有漏身心，杂染不净，即是魔。有身即为饥渴冷暖等所困恼，有心即起种种烦恼。（三）死魔，发心修行，每因无常到来，使善法不得成就，故称死为魔。也可说：死为大苦恼事，所以是魔。（四）天魔，即他化自在天。前三魔，即众生自己的有漏身心，后一才是外来的。现在，佛断尽一切烦恼，即降伏烦恼魔；得法身，即降伏蕴魔；清净法身，无为常住，即降伏死魔；得不动三昧，神通自在，即降伏天魔。四魔都降伏了，所以如来超"出一切世间"。若属世间，即落于魔数。以佛超出了世间，所以"为一切众生""所瞻仰"。一切众生，归依于佛，以佛为崇仰的典型，而发心以求成佛。上约累无不寂的解脱德说。以出离一切过患，即"得不思议法身。于一切尔焰（所知境）地"，"得无碍"而于"法自在"。佛于因地广大修行，故果得成就无边智慧。如此，即达到究竟，"于上更无所作"。一切功德圆满，一切境界通达，一切过患消除，所以更无所作事了。此时，住于佛果的"无所得地"，离一切戏论妄想分别。在所证的功德中，有"十力勇猛"，十力即处非处智力乃至漏尽智力，佛具足十力功德而无所不能，故称勇猛。又得"升于第一无上无畏之地"，这是远离一切生死怖畏的涅槃地。也可以说：无畏即四无所畏。于自所证所说法，决不为他所指责，能自信而无所怖畏。从如来以无上调御到一切众生所瞻仰，是解脱德，明过无不尽；从于一切尔焰地到升于第一无上无畏之地，是般若德，明德无不圆。二者间的得不思议法身句，是法身德。以不思议的法身，是由过无不尽、德无不圆所成。累无不尽，所以得法身；法身即一切功德所成就。这三德无余圆满的如来，于"一切尔焰"境，以"无碍智"去"观"察，"不由于他"，而起自知自证的"不受后有智"。自证知五住烦恼断尽，再不能感二种生死，所以能作"师子吼"：我生已尽，梵行已立，所作已办，不受后有。

丑二　二乘不受后有智

世尊！阿罗汉辟支佛，度生死畏，次第得解脱乐，作是念：我离生死恐怖，不受生死苦。世尊，阿罗汉辟支佛观察时，得不受后有观第一苏息处涅槃地。

经中又说阿罗汉辟支佛得不受后有智，这是约"阿罗汉辟支佛，度"分段"生死畏"而说的。二乘从"次第"的修行中，"得解脱乐"果。约见谛说：先见苦谛，次见集谛，次见灭谛，次见道谛。约断烦恼说：先断见一处住地，次断欲爱住地，再色爱住地，有爱住地。约证果说：先证初果，次证二果，再三果、四果。二乘这样的次第修证，也能得解脱乐，离生老死怖。得解脱乐时，"作是念：我离生死恐怖，不受生死苦"。离生死恐怖，约现法心得安乐说；不受生死苦，约当来不感苦果说。又前句明尽智，次句明无生智。二乘于金刚喻定断四住烦恼，于下一念得尽智，知生死已了。次念得无生智，知后不再生。"阿罗汉辟支佛"这样的"观察时"，由尽智无生智现前，能"观第一苏息处——涅槃地"，自觉已"得不受后有"。因此，二乘也名得不受后有智。总之，二乘虽但断四住，但度分段，也确有不受后有的证智，然与如来所得是不同的。

癸二　入一乘究竟

子一　会入一乘

世尊！彼先所得地，不愚于法，不由于他，亦自知得有余地，必当得阿耨多罗三藐三菩提。何以故？声闻缘觉乘，皆入大

乘；**大乘者，即是佛乘，是故三乘即是一乘。**

前明如来与二乘都有不受后有智，即在说明二乘智的不究竟；不究竟，所以终于要回入大乘，结成一乘的究竟。

"彼"二乘人"先"来"所得"的境"地"，决不执小乘而拒大乘，对如来所说的正法——唯以一佛乘化众生，是能明白的，所以"不愚于法"。因此，阿罗汉辟支佛也是"不由于他"的，从自己所知所证中，"自知"所"得"的还是"有余地"，自知将来"必当得阿耨多罗三藐三菩提"。二乘自知有余，与上说二乘能得不受后有智，似乎相矛盾！其实不然。依《法华经》说，舍利弗等得阿罗汉果，从前是曾从佛发过菩提心的。在初受佛化时，发菩提心，求成佛道，都是不愚于法的。依此说，先所得地，即过去从佛发菩提心的因地。本经下文也说："三乘初业，不愚于法，于彼义当觉当得。"依《般若经》等说，先所得地，即三乘所证的境地。经说：阿罗汉与辟支佛的智德断德，都是菩萨无生法忍。所以论到谁能信受甚深般若波罗密时，即说见谛——即初果，及阿罗汉，是能信受的。若不能信受，《法华经》说，他们是未得谓得的增上慢人。所以，如后世小乘学者否认大乘，这正可以证明他们并没有自证的觉境。无论依《法华经》的过去因地，或依《般若经》的现在证地，二乘都自知是不究竟的，能深信大乘成佛法门的。然见道证果而住于二乘果，未能进学大乘，确乎也是有的。如舍利弗、目犍连等，在法华会前不知道自己也是菩萨。许多经里，都说阿罗汉对于大乘成佛法门感到高妙，而痛惜自己但求得阿罗汉果。依《法华》说，发过菩提心，而中间退失了，佛即以方便教化摄引他们，所以不知自己是菩萨。然二乘证智，既自以为所作已办,同时又从自证的见地,觉得应有平等一味的果证。如舍利弗说:"我等同入(一)法性,云何如来以小乘法而见济度?"二乘知道同入一法性,虽不敢说出来,内心上是应有此感觉的。因此,列席于大乘法会,甚至还会为菩萨说般若大乘。一经佛为他们说:"汝等所行是菩萨道",就恍然自悟,回小向大了。阿罗汉果证得无三无别的法性,为什么不求趣大乘呢? 这因为,一类厌离根性,对于三界生死视同牢狱怨家,一向求于解脱安乐。所以外厌生死,内求定乐,重于禅定(乐)的修习。等到深入禅定,受解脱乐时,也觉得大可安然无忧,不能进一步地趣入大乘。这也有二类:一、现生即因佛说法,回小向大。二、深味定乐的,堕无为坑,一时转不出来。经过若干时间,从三昧乐中起,如醉酒的人苏醒一样。这时,自己即会觉得烦恼、业、苦,都还是有余的。这就一定会从佛闻法,回心向大。如《法华经》说:"我灭度后,复有弟子,不闻是经,不知不觉菩萨所行,自于所得功德生灭度想,当入涅槃。我于余国作佛,更有异名。是人虽生灭度之想,入于涅槃,而于彼土求佛智慧,得闻是经,唯以佛乘而得灭度。"所以阿罗汉、辟支佛的先所得地,都是不愚于法的,二乘人终究会自己知道是有余的。

二乘自知所证的不究竟,要进一步地求证佛果。"何以"必然会如此? 因"声闻缘觉乘,皆入大乘"。如《摄受正法章》所说,二乘法从大乘法所出生;二乘法即大乘法的少分,即大乘的初因。所以声闻缘觉乘无不回归于大乘。"大乘",以成佛为目的,故约所证的佛果说,"即是佛乘"。这样,虽说有"三乘",其实"即是一乘"。《楞伽经》也说:说有声闻、缘觉、菩萨三乘种

姓,说有三乘差别,是为初学者而施设的。证入无差别法性,都
无所得,即知三乘即是一乘。

子二　普摄众德

**得一乘者,得阿耨多罗三藐三菩提;阿耨多罗三藐三菩提者,
即是涅槃界;涅槃界者,即是如来法身。**

　　大乘经部类不同,都有它的重心论题。其实,这些大乘经所
示的不同论题,如真实地解了它,都是一致的。如《法华经》专
说一乘,《大涅槃经》特明涅槃,《般若经》广谈般若,《华严经》
说法界,《大集经》说三昧,《金刚经》说无上正等菩提等。如不
悟体一名异,就会随文偏执,不能融会。依本经说,佛法即是一
乘,此一乘即通菩提涅槃等。所以说:“得一乘”即“得阿耨多罗
三藐三菩提”;得“阿耨多罗三藐三菩提”,“即是涅槃界”;得
“涅槃界”,“即是如来法身”。一乘、无上正等觉、涅槃界、如来
法身,这四名的内容是一致的。《大智度论》引罗睺罗跋陀罗赞
般若偈也说:“般若是一法,随机立异名。”依此义,天台宗五重
玄义出体时,必以该经的重要论题为体,并会通其他的同体异
名。然体虽一,约义不同,所以安立不同名字。如一乘,约唯一
无二,而由此运载成佛说;阿耨多罗三藐三菩提,约如来的智德
说;涅槃,约断德说;法身,约清净功德所显说。虽随名异说,而
这些德性,一切都是赅摄圆满的。

子三　显示究竟

**得究竟法身者,则究竟一乘。无异如来,无异法身,如来即法
身。得究竟法身者,则究竟一乘;究竟者,即是无边不断。**

　　上说一乘即无上菩提,涅槃界,即是如来法身。现在说,法身与一乘,不但相即,而且是究竟的。从法身说,一切众生所本具,但没有圆满显发。如来的法身,名究竟法身,以无边功德为庄严。所以说"得究竟法身"。究竟法身,约果德说,所以即"究竟一乘"。一乘,也是约唯一佛果说。大乘,重于菩萨的因行;一乘,着重于佛的究竟果德。如《法华经》所说:"佛自住大乘,如其所得法,定慧力庄严,以此度众生。"即是大乘与一乘同一,并约佛德说。此下,是究竟法身的解说。"无异如来,无异法身"。《金刚经》说:"如来者,即诸法如义。"如来与法身,无二无别。一切众生本具法身,体如而来,能究竟显了法身,所以说"如来即法身"。法身是如此的,所以"得究竟法身","则究竟一乘"。什么是"究竟"? 究竟"即是无边不断"的意思。不断,是常住无尽义。约时间说,是竖穷三际。无边,约周遍无际——无有分限说。约空间说,是横遍十方。彻始彻终,彻内彻外;又无始无终,无中无边,这即是究竟的意义。大乘经说涅槃、法身、般若等,都是尽虚空遍法界尽未来的。此外,没有相对的,这才达到究竟圆满的地步。

辛二　如来为常住归依

壬一　抉择三归

癸一　明如来是归依

　　上说二乘有生死怖畏,此下说如来为常住归依。归依三宝,这是大家都知道的,但究竟归依处,还需要抉择。有情的所以求归依,是由于心中有怖畏,得不到究竟安隐。那么所归依的,当然要究竟才是。佛法僧三宝中，僧即学佛大众；法即佛所说而学众依着奉行的道。然修学者也有是有漏的，有恐怖的；法，也有有漏法，不究竟法，这怎么可为归依？所以，大小乘中，都各有抉择的。有的声闻学者说：归依佛是归依佛的无漏功德；归依僧，是归依有学无学人所有的无漏功德；归依法即是涅槃——择灭，解脱涅槃法是可归依处。本经所说不同：法指向涅槃的道，道是有为法，有生灭法；僧是三乘众，还没有究竟成佛。这怎可为归依？唯有证得究竟涅槃的佛陀，才是真归依处。灭谛——涅槃，声闻学者及一切空相应的经论，都说是法宝。但本经极力显扬佛果的功德，以此灭为第一义灭，而属于如来所证所显，所以唯如来为归依。这是本经的特色！

世尊！如来无有限齐时住，如来应等正觉后际等住，如来无限齐大悲，亦无限齐安慰世间。无限大悲，无限安慰世间，作是说者，是名善说如来。若复说言：无尽法，常住法，一切世间之所归依者，亦名善说如来。是故于未度世间，无依世间，与后际等，作无尽归依，常住归依者，谓如来应等正觉也。

　　承上文的如来究竟是无边不断，所以接着说："如来"是"无有"过去、现在、未来"限齐时住"的。限齐是分限，即有界限的。如来没有时限可说，这即是常住的。"如来应等正觉"，又是"后际等住"，即尽未来际住的。所以《法华经》说：如来寿量如微尘不可尽，"寿命无量阿僧祇劫，常住不灭"。或以为佛入涅槃，即息化而不再化度世间。而大乘说，成佛证大涅槃，是尽未来际常在的。常住，是超越于时间性的。而起用于时间中的，是无尽——恒。同时"如来"有"无限齐"的"大悲"心，不是为某一世界某一类有情，而是于一切众生起大悲；悲是拔苦的心行。内有无限大悲心，所表现出来的，就是"无"有"限齐"的悲事，"安慰世间"众生，这即是无限的悲心与悲行。上来直明如来真相，所以如说有"无限大悲"、能"无限安慰世间"的，那他即使没有明说如来，而"作"如"是说"的，也可说"是""善说如来"了。"若复"有人这样"说"：尽未来际的"无尽法"，超越时限的"常住法"，能为"一切世间""所归依"的，那他虽不直说如来，也是恰到好处，"名"为"善说如来"了。"是故"，能"于未度"未脱的"世间，无依"无护的"世间"，能尽未来际——"与后际等"的"作无尽"的"归依"，及"常住"的"归依者"，那就是说"如来应等正觉"。佛果所有的功德，今不摄属道谛，摄属于常住涅槃的灭谛，为灭谛所有的一切德用，如来摄得无漏无为的常住体用，所以唯佛为归依处。

癸二　辨法僧是归依

子一　约世俗简非

法者即是说一乘道，僧者是三乘众，此二归依，非究竟归依，名少分归依。何以故？说一乘道法，得究竟法身，于上更无说一乘法事。三乘众者，有恐怖，归依如来，求出修学，向阿耨多罗三藐三菩提。是故二依，非究竟依，是有限依。

　　法僧是不是归依处？到底法与僧是什么？"法"，"即是"佛所"说"的"一乘道"，法为佛所说的修行方法，是道谛。佛说道法的目的，本是但为"开示悟入佛之知见"，为了成佛证大涅槃，所以是一乘道。虽有时说为三乘道，但这是方便说，实际只有一乘道。所以说"汝等所行是菩萨道"。"僧"呢，即"是三乘众"。佛为适应世间初机，说有三乘法；依此修行，有声闻、缘觉、菩萨的三乘众。僧是和合义，即三乘学众，同以证入涅槃为理和的。"此"法僧的"二归依，非"是"究竟"的"归依"，只可"名"为"少分"的、相对的"归依"。"何以"这样说？佛"说一乘道法"，是因行；目的是为"得究竟法身，于"证得究竟法身的果德"上，更无说一乘法事"。如从这边过到河的那边，需要渡船，但船不是目的，到了河的那边，船也就用不着了。所以有说："渡河须用筏，到岸不须船。"道是方法，非究竟的目的处，所以这不是究竟归依处。"三乘"圣"众"，虽说得道得解脱，但还"有恐怖"，还要"归依如来"，"求"得"出"离生死，而"修学"一乘道，"向阿耨多罗三藐三菩提"前进。自己依于别人，怎能为别人归依？"是故"法与僧"二"归"依，非究竟"归"依，是有限"的、少分的归"依"。不依一乘道，不成究竟佛，所以一乘道也是少分归依处。三乘众是随佛修学的，学佛者要有同参师友，所以也可归依。经说：归依僧，僧如护病者。约此义，三乘众也可说有限归依。但这都不是究竟归依处，都不合于常住无尽、无限大悲安慰的定义。

子二　约胜义会归

丑一　夺

若有众生，如来调伏，归依如来，得法津泽，生信乐心，归依法僧，是二归依，非此二归依，是归依如来。

　　于究竟的第一义谛中，会三归依为一归依。先遮夺。"若有众生"，因"如来"的神通、教化，而对佛生起尊敬心，不生我慢固执，名为"调伏"。被调伏的众生，"归依如来"，听佛说法，"得"到佛"法"的"津泽"。如破裂的瓦罐，油液从裂缝中润出，名津泽。得法津泽，就是从佛得到法的气分，得佛的法味。得法味，所以"生"起"信"仰爱"乐心"来。所以，"归依"于"法"及依法而修的"僧"，"是二归依"，从根本的归依如来而来。这样，"非此二"是真"归依"处，说归依法与僧，实"是归依"于"如来"。

丑二　会

归依第一义者，是归依如来。此二归依第一义，是究竟归依如来。何以故？无异如来。无异二归依，如来即三归依。

那么，法僧都不是归依处吗？不！也可说为归依的。因为，"归依"最胜"第一义"谛，即"是归依如来"，归依常住大悲的如来，并非归依现生现灭的化相。第一义谛，指如来不可思议微妙常住的真体，所以也不是归依世俗的如来。从如来即第一义说，"此"法僧"二归依"的"第一义"谛，也即"是究竟归依如来"了。就世俗相说，三乘众有恐怖，不是究竟归依处。然约第一义说，三乘众同有如来藏性，与如来不二。一乘道法也如此，法法不离法性，不离第一义如来藏性。这可见，法僧二归依的第一义，就是归依如来，法僧也即有可归依的真义了。如来是圆满成就第一义的；法道，是不离第一义，而还在修行的过程中；三乘众虽没有究竟成就，而不离第一义如来藏性。如黄金是金，金矿呢？就现象还不是真金，但经炼净后，就显现真金。不可说这是金，那不是金,应说矿藏的本质,也就是金。所以约第一义说,法僧也是归依处,也是等于归依如来。这意思说:约归依第一义说,"无"别"异"所归的"如来",也"无"别"异"的法僧"二归依",二在第一义谛中,是平等无别的,所以归依"如来,即"是"三归依"。

依此,归依佛法僧三,实即归依众生自己。佛法与外道的不同,也就在此。外道要归依一外在的神;佛法归依三宝,或归依如来,而同是本身所具有的,本具如来藏性,即真归依处。依此修行为僧;以此为修行,即法;修行圆满成就,就是佛。所以,一切众生本具如来藏性;归依三宝,无非依如来藏性为本,而使其显发出来,达到究竟。

壬二　会入一乘

何以故?说一乘道,如来四无畏成就师子吼说,若如来随彼所欲而方便说,即是大乘,无有三乘。三乘者,入于一乘;一乘者,即第一义乘。

归依中,说到一乘道,即依此显示三乘的会入一乘。佛"何""故""说一乘道"?约一乘的教义说:这是"如来"的"四无畏成就"所作的"师子吼说"——决定了义说,即是契理的真实法门。又是"如来随"顺"彼"众生"所欲"的"方便说",即是应机的善巧法门。佛法不但要契理,还要契机。一乘是究竟的,但因众生不能接受,不能一概地宣说一乘。不能不为实施权而说三乘。如三乘学者有可会归的机宜,这才称机而说一乘。所以说一乘,是师子吼说,也是方便说。本经名为师子吼一乘大方便，就是一乘道教的契理与契机。约一乘的教义说，一乘"即是大乘，无有"究竟的"三乘"。如《法华经》中，长者引子出火宅时，说有三车，等到出来时，唯一大白牛车。"三乘"，从唯一大乘所出生，所以又会"入于一乘"。这里所说的"一乘"，"即"是"第一义乘"，即法身如来藏甚深不可思议的常德。

上来，主要说明：二乘有恐怖，如来是归依；宣说一乘道果。

戊二　如来境智

己一　略说

庚一　明圣智

辛一　上上智

世尊！声闻缘觉初观圣谛，以一智断诸住地，以一智四断知功德作证，亦善知此四法义。世尊，无有出世间上上智，四智渐至，及四缘渐至；无渐至法，是出世间上上智。

如来境智，即从如来果德中，着重于智慧与谛理的论究。如来的智慧，所证悟的谛理，也得从不同于声闻缘觉的智慧与谛理去说明。先略明圣智，次明圣谛。于明圣智中，先说上上智。

"声闻缘觉初观圣谛"，圣谛，即圣人所成就谛，即真谛、第一义谛，谛是如实不颠倒的意思。声闻缘觉初观圣谛，初观即第一类的观圣谛智，与如来的第二类观圣谛智不同。声闻缘觉的观圣谛智，是"以"第"一"类圣"智断诸住地"——四住地；又"以"第"一智"成办"四"事——"断"集、"知"苦、修习道谛"功德"，及"作证"灭谛涅槃。依声闻缘觉的第一智，也能"善知此四"谛"法义"。但这不过是声闻缘觉的圣谛智,断四住烦恼,于四谛能知断证修而已,不是究竟的!因为"无有"第二类的"出世间上上智"。出世间智是通于声闻缘觉的;出世间上上智,即如来智。所以声闻缘觉是"四智渐至"的,先生苦谛智,再生集谛智、灭谛智、道谛智;又是"四缘渐至"的,先缘苦知苦,再渐缘集、灭、道谛。声闻缘觉无论是断烦恼、生智慧、证谛理,都是渐次的,所以没有出世间上上智。如来所得出世间上上智,无论是断烦恼、生智慧、证谛理,都是"无渐至法",换句话说,是顿的。是顿起佛智、顿证谛理、顿断无明住地烦恼的。这样没有渐次的顿智,才"是出世间上上智"。

渐断渐知与顿断顿知,这是佛法中的大问题。在小乘学派中,如说一切有、经部、犊子部等,是主张渐见四谛而渐证。大众、分别说系,如法藏部等,是主张顿见灭谛而顿证的。在顿见者看来,初学者虽有苦集灭道的次第渐观的修习,但论到真智见理,这必然是顿的。不见谛则已,证见即顿入四谛。大乘以平等法性为第一义谛,所以也是理必顿悟的。本经以渐属声闻缘觉法,以顿属如来法。顿渐的歧异,就是大乘与小乘的不同。

辛二　第一义智

世尊!金刚喻者,是第一义智。世尊!非声闻缘觉不断无明住地初圣谛智是第一义智。世尊!以无二圣谛智断诸住地。世尊!如来应等正觉,非一切声闻缘觉境界,不思议空智,断一切烦恼藏。世尊!若坏一切烦恼藏究竟智,是名第一义智;初圣谛智,非究竟智,向阿耨多罗三藐三菩提智。

出世间上上智，即第一义智，约名义不同，所以别说。"金刚喻"定，或金刚喻智，即"是第一义智"。以金刚喻智慧的能破一切烦恼，断尽无余。金刚喻，本为三乘所共。如证阿罗汉的前一念心，起金刚喻定（智），断烦恼，证无学果。然约破尽一切烦恼的金刚喻智说，声闻缘觉是不配称金刚喻智的。金刚喻智，要到等觉后心。这时，顿断一切烦恼，即引起佛智。所以说"非声闻缘觉不断无明住地初圣谛智是第一义智"。这意思说，声闻缘觉的初圣谛智，但断四住地，不能断无明住地，所以不应名为金刚喻智，也就不配称为第一义智。声闻缘觉的所以不能称为第一义智，因为"无"有第"二圣谛智"，不能"断诸住地"。这第二类圣谛智，名为第一义智的，是"如来应等正觉"所圆满成就，"非一切声闻缘觉境界"。如来所圆成的，是"不思议空智"。佛智，是不可思议的，这不是凡夫、二乘、十地乃至最后身菩萨所能思量拟议的。空智，即通达一切法性空的般若。唯有佛才能究竟通达。空智，与《般若经》等相同，但解释起来，多少不同。二乘不达法性空，这与般若学系所说三乘同证法空说不同。唯识家也说，二乘人不断所知障，所以不能通达一切法空性的圆成实。本经所说，与唯心论者相同。佛的不思议空智，能"断一切烦恼藏"。藏是积聚义，犹如库藏。无明住地烦恼，众多积聚，生起一切烦恼上烦恼，所以名一切烦恼藏。"若坏一切烦恼藏"的"究竟智，是名第一义智"，即是佛智。声闻缘觉没有这第二类智，不能坏一切烦恼藏，所以不名第一义智。

上面所说的出世间上上智，约顿渐的意义说。此第一义智，约能不能断尽无明住地说。由于声闻缘觉智渐次而非顿得，分断而非究竟，所以他的"初圣谛智，非究竟智"，只能说是"向阿耨多罗三藐三菩提智"。这不过是通向无上菩提过程中的因智，并不是究竟的果智。《般若经》也说：以一念相应妙慧，断一切烦恼习气而成佛，这都是约究竟断说。

庚二　明圣谛

世尊！圣义者，非一切声闻缘觉，声闻缘觉成就有量功德，声闻缘觉成就少分功德，故名之为圣。圣谛者，非声闻缘觉谛，亦非声闻缘觉功德。世尊，此谛如来应等正觉初始觉知，然后为无明𪗱藏世间开现演说，是故名圣谛。

说明圣谛，先解说"圣"的字"义"。圣，梵语阿梨耶，与正的意义相近。能证见正法，得正性决定，名圣。圣应有究竟圆满的意义，不究竟不圆满的，不配称为圣。所以，"非一切声闻缘觉"可称为圣，因为"声闻缘觉，成就有量功德"、"少分功德"，不究竟，不圆满。《阿含经》等也称声闻缘觉为圣，这只是依成就有量的少分的功德，"故名之为圣"。如约究竟圆满功德说，唯佛名为圣。圣人所成就的，圣人所宣说的，名为圣谛。这样论到"圣谛"，即"非声闻缘觉谛"，这是声闻缘觉所没有成就的。也"非"是"声闻缘觉功德"，是属于圣谛的。"此"究竟如实的圣"谛"，唯"如来应等正觉初始觉知"，即唯佛与佛乃能究竟。初始觉知，《涅槃经》说："世间皆处无明𪗱，无有智慧能得破，如来唯乃能初破，是故名为最大觉。"佛圆满证觉了，"然后为无明𪗱藏世间，开现演说"。世间众生，都在无明𪗱藏里。𪗱即卵。众生为无明藏所围裹，没有智慧，不能证无上觉，如卵中有情，还不能破㲉而出。佛破无明㲉藏，得大自在，这才为无明㲉藏的众生开示、显现、演说。如实的谛理，为佛所成就宣说，"是故名圣谛"。

谛，是如实不颠倒性，即诸法实相、法性等异名。这是诸法的实相，一切法的法性，佛出世与不出世一样，证与不证也一样。实相、法性或佛性，虽一切众生平等，但唯佛能圆满证觉，所以称为圣谛。

己二　广明

庚一　出圣谛体

辛一　叹甚深

圣谛者，说甚深义，微细难知，非思量境界，是智者所知，一切世间所不能信。何以故？此说甚深如来之藏；如来藏者，是如来境界，非一切声闻缘觉所知。如来藏处说圣谛义，如来藏处甚深，故说圣谛亦甚深，微细难知，非思量境界，是智者所知，一切世间所不能信。

此下广明，先约如来藏，也即是佛性来说明圣谛的体性。"圣谛"是什么？是"说"那"甚深义，微细难知"的。大乘经常说："甚深最甚深，微细最微细，难通达极难通达。"因为，圣谛是凡夫、二乘，甚至菩萨也不能完全了达的，要有穷深极细的佛智才能通达。圣谛"非思量境界"，思量即凡夫二乘菩萨的寻思。以有漏或缘世俗事的心心所，分别境界，即思量境界。圣谛是无漏无为的，所以不是寻思心所及。所以，这"是智者"自觉自证"所知"，是"一切世间所不能（不易）信"的。佛法是唯有圣者证知的，一般人从来没有知道过。言说不到它，分别心推度不到它。然听闻思惟佛法，不是没有用的。如佛"为无明㲉藏世间开现演说"，佛从无可言说处作方便善巧说。如画月一样，用树梢和云层等来衬托，使人能明白它是个月亮——当然不是真的月亮。但真的月亮，可能从此而认识。依佛所说，听闻、思惟，照着做去，即可证到。切勿因为甚深微细难知，而生起无从明了的错觉。

上来略明圣谛的难信难解。然圣谛究"何以"如此？因为"此"圣谛，是"说"那"甚深如来之藏；如来藏""是如来境界"，这当然"非一切声闻缘觉所知"了。圣谛微细难知，即由于约甚深如来藏说圣谛；甚深如来藏，是如来证知的境界，不是声闻缘觉所能了知的，所以圣谛也就甚深难知了。

什么是如来藏？依《佛性论》，这可以从：一、（所）依止藏，二、隐覆藏，三、（能）摄持藏的三义来说明。如即如如，无二无别的谛理，真谛是法法如是的。如如，本没有什么来不来。如宝珠，本来明净，即无所谓来不来，然约琢磨宝珠的尘垢，使宝珠的明净能具体地显露出来，所以名来。因此，如来即体如而来，而如如实没有来不来可说。如——如来，即法空性。如《金刚经》说："如来者，即诸法如义。"约所证说，但名如如；约能证说，即如如智。如如、如如智，平等不二，名为如来。如何是如来之藏？藏，是胎藏的藏。约依止义说，藏是依止义，如胎藏为所依止处。如来——一切平等法性，遍一切处，一切众生不离此如来性，不出法性外；如如法性为众生的所依止处，即如来藏。所以有处说："一切众生是如来藏。"约隐覆义说：法性是本来清净的，但无始以来,为烦恼垢所隐覆,不能显现。如婴儿在胎藏中一样。如来平等法性,为烦恼所覆障,所以名如来藏。约摄持义说,如来,即契证如法性而来的,具有十力四无所畏三不护十八不共法等无边功德。但这些如来功德,不是到成佛始生,否则就成为无常了。众生位中,就摄持得无边功德性。《华严经》说:"一切众生,皆具有如来智慧德相,但以妄想执著而不证得",即是如来藏义。众生位中过恒河沙的称性功德,近于唯识宗所说的无漏法种。平等法界中,摄持得无边功德性,故名为藏。所说如来藏义,都是约众生位说的,即显示一切众生的真净因。如来藏的称性功德,众生本具;到成佛,摄得功德性的如来藏还是一样,但此时无边功德离垢障而显发出来。真常妙有一乘的经典,都以此为根本。

　　以下结叹。本经依"如来藏处说圣谛义,如来藏处甚深,故说圣谛"也"甚深,微细难知,非思量境界,是智者所知,一切世间所不能信"。

辛二　劝信解

若于无量烦恼藏所缠如来藏不疑惑者,于出无量烦恼藏法身亦无疑惑。于说如来藏如来法身不思议佛境界,及方便说心得决定者,此则信解说二圣谛。如是难知难解者,谓说二圣谛义。

　　如来藏甚深难知难解,是约因地的性德说。它难信难解而又非信解不可。如不能信解,这对一乘的如来果德也就不能信解。如来藏虽是摄持得净法功能的自性清净性,但为无量的烦恼所缠缚而不得显现,如摩尼宝珠的为垢秽所覆一样。"若"有人"于"此"无量烦恼藏所缠"的本性清净的"如来藏"生信而"不疑惑"的话,那他对"于出"离"无量烦恼藏"所显的如来"法身",如净治了垢秽的摩尼珠,也必然的"无疑惑"。说众生有惑业苦的杂染法,这是容易信受的;说众生有如来藏,摄持佛果的一切功德,难于信解。对此能信而不疑,对如来法身也就能信而不疑,因为这即是如来藏离烦恼所显的。所以信有如来藏性,极为重要。

"于说如来藏、如来法身"——唯佛所知的"不思议"的"佛境界,及"由佛善巧而作的大"方便说",我们如能于佛所证的、所说的,"心得决定"不疑的信解,这就可以"信解"佛"说"的"二"种"圣谛"义。"如是",向上所说的"难知难解",就是佛"说"的"二圣谛义"。信知二圣谛义,也必由于如来藏法身的信而不疑。这是说,信得如来藏及法身,即能信得圣谛。

庚二　明圣谛义

辛一　总说二圣谛

壬一　标

何等为说二圣谛义？谓说作圣谛义,说无作圣谛义。

所说的二圣谛义,到底"为说"哪"二"种？即:一、"说作圣谛义",二、"说无作圣谛义"。作圣谛,又名有量四谛;无作圣谛,又名无量四谛。天台宗依此立四教四谛:藏教是生灭四谛,通教是无生灭四谛,别教是无量四谛,圆教是无作四谛。然依本经说,只有二种四谛:一约声闻缘觉智境说,即作圣谛,或名有量圣谛;一约如来智境说,即无作圣谛,或名无量圣谛。作,是功勋、加行,约修行说,依四谛修行——知苦、断集、证灭、修道。二乘名作圣谛,由于四谛事还未究竟,还有苦应知,集应断,灭应证,道应修。佛于四谛事圆满究竟了,不须再作功行,所以名无作圣谛。

壬二　释

癸一　作圣谛

说作圣谛义者,是说有量四圣谛义。何以故?非因他能知一切苦,断一切集,证一切灭,修一切道。是故世尊! 有为生死,无为生死,涅槃亦如是,有余及无余。

“说作圣谛义”,就“是说有量”的“四圣谛义”。有量是有限的意思,即但得一部分,如知少分苦,修少分道。“何以”说这是作的有量的呢? 因为,“非因他能知一切苦”,非因他能“断一切集”,非因他能“证一切灭”,非因他能“修一切道”的。二乘,不是自力的,是依佛的。因佛说四谛,修四谛行;说十二因缘,修因缘行。依他而修的二乘,智慧狭劣,决不能知一切苦,证一切灭。“是故”,生死有两种:一是“有为生死”,一是“无为生死”。有为生死即分段生死,无为生死即变易生死。一般说来,二乘已证入无为了,无为是不生灭的;二乘得无为,而有变易生死,这似乎是矛盾。其实,二乘虽证入无为而不尽;证入无为而还有有为的生死。如大力菩萨,已证得法性,也还有“法性所生身”。虽是悲愿无漏力起,而也还是生死身。生死有此二种,“涅槃亦如是”:一是“有余”涅槃,一是“无余”涅槃。有余是二乘所证的,无余是佛所证的。有量四谛中，所说断生死、证涅槃，实不过约断有为生死、证有余涅槃而说。

此中经文，依《宝性论》所引，文句略不同。唐译只有"涅槃亦如是"一句；《宝性论》作"有有为涅槃，有无为涅槃"。

癸二　无作圣谛

说无作圣谛义者，说无量四圣谛义。何以故？能以自力知一切受苦，断一切受集，证一切受灭，修一切受灭道。

"说无作圣谛义"，就是"说无量"的"四圣谛义"。无量是无有限量的，即究竟圆满义。有量与无量不是对立的，有量是含摄在无量中的。如有量的苦谛，是分段生死苦；无量的苦谛，即分段与变易的二生死苦。有量的集谛，是四住烦恼；无量的集谛，即四住地与无明住地。有量的灭谛，是有余涅槃；无量的灭谛，即有余与无余的二涅槃。有量的道谛，是少分的净智道；无量的道谛，即一切的无漏道。"何以"佛谛是无作无量的呢？因如来"能以自力知一切受苦，断一切受集，证一切受灭，修一切受灭道"，所以是无量的。究竟圆满，所以无作。进一步说，苦有无量相，如老苦，即有种种不同；集灭道亦如此。二乘不但不知变易生死苦，就是分段生死苦也不能尽知。如《涅槃经》说："分别苦等有无量种，非诸声闻缘觉所知，我于彼经竟不说之。"此中四谛，都说一受字。受即新译的取。有漏生死苦，都是因受——取而生与取不相离的，名受苦；受即烦恼本，名受集；知离一切取，即证涅槃，名受灭；修灭受的道，名受灭道。取为生死要因，离取为证入涅槃的宗要，所以经中常说不可取等。

壬三　结

如是八圣谛，如来说四圣谛。

上说二圣谛义，每一圣谛有四圣谛，"如是"即有"八圣谛"，而"如来"实只"说"一"四圣谛"。约圆满及部分的不同，所以分为二圣谛，分别为作四谛、无作四谛。其实，只是四谛而已。

辛二　别说四圣谛

壬一　二乘不尽

如是无作四圣谛义，唯如来应等正觉事究竟，非阿罗汉辟支佛事究竟，何以故？非下中上法得涅槃。

虽说二圣谛，而实唯一四圣谛。"如是"，此唯一的"无作四圣谛义"，即"唯如来应等正觉"，于知苦、断集、证灭、修道的四"事"，能得"究竟，非阿罗汉辟支佛"二乘人，于此四"事"能得"究竟"。"何以"呢？圣谛是究竟圆满的，一极不二的；而二乘是渐次证悟的，由下而中而上的。无下中上的涅槃，悟则顿悟，得则顿得，所以"非"有"下中上法"的二乘，能"得"究竟"涅槃"。二乘不过是向涅槃界，向菩提道。

壬二　如来究竟

癸一　略说四谛

何以故如来应等正觉，于无作四圣谛义事究竟？以一切如来应等正觉，知一切未来苦，断一切烦恼上烦恼所摄受一切集，灭一切意生身，除一切苦灭作证。

论如来于圣谛事得究竟,先问起,"何以""如来应等正觉,于无作四圣谛义事"得"究竟"呢?"以一切如来应等正觉",能"知一切"的"未来苦"。诸佛实是遍知三世苦的,但重要在知未来苦毕竟不生。佛能"断一切烦恼上烦恼所摄受"的"一切集",烦恼即根本烦恼,上烦恼即随烦恼,总摄一切烦恼为集。不但分段身,而且"灭一切意生身,除一切苦"而得于"灭作证"。本经文不具足,依唐译,此二句即灭道二谛:"能证一切意生身蕴所有苦灭,及修一切苦灭之道。"

癸二　特明灭谛

子一　因果相即

世尊!非坏法故,名为苦灭,所言苦灭者,名无始无作,无起无尽,离尽常住,自性清净,离一切烦恼藏。世尊,过于恒沙不离不脱不异不思议佛法成就,说如来法身。

佛所证的圣谛,是如来藏法身,也即是灭谛。苦与集是生死有漏法,道也是有为有功用法,都不是常住法。修学佛法的究竟目的,是证灭谛。苦如病,集如病因,道如治病的药,灭如无病的健康。治病,要知病、知病因、服药,但目的在无病的健康。为治众生生死病,佛说四谛教,而目的在灭圣谛。因此,本经扩四谛的量而说无量四谛,而于中特明灭圣谛。

声闻学者,如经部等,说灭谛无为是非实有法,如火灭、衣烧一样;一切有部等,虽说择灭无为实有,而无余涅槃中身智都泯。大乘法不如此。病除了,应有健康;除齷齪,应有清净。所以批评他们说:"灭尚非真,三谛焉是?"佛法真义,"非"是灭"坏"烦恼业苦"法",就"名为苦灭"谛,这如革命的决非止于破坏一样。佛"所言"的"苦灭"谛,是不可思议的微妙的实在。是"无始无作"的:无始,所以无作;若有所作性,即有始起可说。涅槃——灭非作法,也非始有,因此,灭谛"无"有生"起",也"无"有灭"尽",为不生不灭的无为法,不像烦恼业苦,无漏圣道的有起有灭。涅槃,是得而非新起,未得而不失的。此涅槃为"离",即离一切烦恼。其实众生的如来藏性与烦恼从来没有打成一片。如来藏与烦恼,如水与油,虽同器而始终是相离的。"尽"即是灭,经中每说涅槃为断、离、灭。是离是尽的涅槃,是"常住"法,"自性清净"。一切杂染法,在自性涅槃中,从来就不相关涉。灭如日光,生死法如黑暗。光是光,暗是暗。光力不强时,似与黑暗相合,其实光明还是离黑暗的。此离尽常住而自性清净的灭谛,如"离一切烦恼藏",而"过于恒"河"沙"数的"不离、不脱、不异、不思议"的"佛法"都"成就"了,即"说"为"如来法身"。烦恼与灭——如来藏性,是离是尽;而无边功德性与灭谛是不分离、不脱开、无差别,是无二无别、浑然一体的。自性清净的常住涅槃,如太阳,所摄持的十力、四无所畏、大慈大悲的不思议功德,如光明;光与太阳不离,有光即有太阳,有太阳即有光。众生虽本来摄持这些功德,而离障显现,一切功德成就,即名为如来法身。法身,也就是大功德法聚,就是果地圆满显发的灭谛——大般涅槃。

世尊！如是如来法身,不离烦恼藏,名如来藏。

　　佛所圆证的常住灭谛,非作非始,众生也就本来具有了。所以说:"如是如来法身",在凡夫位为烦恼所缠,"不离烦恼藏",

但"名如来藏",不名法身。如来藏即因地的自性涅槃。如来藏虽还没有成就不思议佛法,但也能摄持过于恒沙功德。如来藏与法身,本质是一样的,仅是离缠与在缠,如日处重云而隐暗与日出重云而大明而已。因名如来藏,果名法身,无二无别。在四谛中,即灭谛。上面说如来藏处说有圣谛,甚深难知,即指无作圣谛中的灭谛而说。

子二　理智一如

丑一　标宗

世尊!如来藏智,是如来空智。世尊,如来藏者,一切阿罗汉辟支佛大力菩萨,本所不见,本所不得。

　　证智与谛理,也不是隔别的,先立理智一如义说:"如来藏智"即"是如来空智"。如来藏,约众生本依的一切法空性说。如如法性中,摄得无边功德性;无边功德中,主要的是般若。般若智性与如来藏不二,众生虽本有而还不曾显发大用,要到修道成就,圆满显发,即如来空智。因地的如来藏智,与果证的如来空智,相即不二。说到如来空智,一般总以为如来智不但知空,也知不空;有空智也有不空智。然依本经,如来智即是空(性)智。如来智究竟证入平等法空性,也能究竟了知无边法相。通达种种法相智,也是从不离空智,即空智所起的方便用。一样的离相,一样的无所得,一样的无漏出世间,所以如来智同名空智。这如见镜中的影像,见明净的镜相;而明净中,什么事相都呈现出来。见镜的明净与见镜的影像,可说为二,而实都是不离镜相的明净性的。这理智一如的"如来藏",是"一切阿罗汉辟支佛大力菩萨,本"来"所不见,本"来"所不"曾证"得"的,因为这唯是如来智的境界。

丑二　释义

世尊!有二种如来藏空智。世尊,空如来藏,若离若脱若异一切烦恼藏;世尊,不空如来藏,过于恒沙不离不脱不异不思议佛法。

综合如来藏智与如来空智的理智一如,名为"如来藏空智",这无论从谛理说或证智说,都是"有二种"的。然证智约契证谛理而得的,所以约谛理来说明。这如来藏空智,约总体说;约别义说,分为二类,即如来藏空与不空。如来藏空智,何以名为"空如来藏"?如来藏,从无始来即为一切烦恼垢所缠缚,虽为烦恼所缠,但并不因此而与烦恼合一。约如来藏的"若离若脱若异一切烦恼藏"说,称为如来藏空。所以《起信论》说:"空者,一切烦恼无始以来不相应故。"如来藏空,不是如来藏无体。如来藏是本性清净,自性常住的。在生死中,如宝珠落在粪秽里一样,珠体还是明净,所以说如来藏与一切烦恼是若离若脱若异的。何以又名为"不空如来藏"?如来藏自体具有"过于恒沙不离不脱不异不思议佛法"。如来藏,约离妄染说,名空如来藏;约具足过恒河沙不思议佛功德法说,名不空如来藏。如来藏唯一,约它的不与染法相应,与净法相应,立此二名。唯识学者说圆成实,也可有二义:一、约远离一切杂染说,名为空。二、约由空所显说,名空性,体实是不空的。然本经说不空,不但约法性不空说,重在体具过恒河沙功德性。如《楞伽经》、《起信论》等,都不是从因缘生法、虚妄生法论空与不空，而是依如来藏性说。

世尊！此二空智，诸大声闻能信如来。一切阿罗汉辟支佛空智，于四不颠倒境界转，是故一切阿罗汉辟支佛，本所不见本所不得。一切苦灭，唯佛得证，坏一切烦恼藏，修一切灭苦道。

　　上释如来藏空智，今释二乘所不见。"此"有空义与不空义的"二空智"，唯"诸大声闻"（钝根暂时不能），如舍利弗、须菩提、富楼那等广慧声闻，"能信"受"如来"所说，回小向大。若约证悟说，那么"一切阿罗汉辟支佛空智"是不能觉了的。此二乘空智与如来空智不同，本经又名为净智，是净除一分烦恼障、离四颠倒的我空智。大乘法中，有的以为：一切法空与涅槃空寂，与无常、苦、空、无我，及无常、苦、不净、无我的空无我不同。法性空寂，是离戏论的平等法性，而空无我，但约五蕴和合无我我所说，所以，二乘的空智，"于"无常、苦、无我、不净——"四不颠倒境界转"，即离四颠倒——无常计常、苦计为乐、不净计净、无我计我而转起的，不能证入如来藏智。"是故，一切阿罗汉辟支佛，本所不见，本所不得。"而"一切苦灭"的灭谛，"唯佛得证"。如来得证如来藏而成就法身，是由"坏一切烦恼藏"而得的，而坏一切烦恼藏又从"修一切灭苦道"而来。二乘的所以不见不得如来藏空智，本经的解说极为明白。

　　辛三　结成一灭谛

　　壬一　简妄存真

世尊！此四圣谛，三是无常一是常。何以故？三谛入有为

相，入有为相者是无常，无常者是虚妄法，虚妄法者非谛非常非依。是故苦谛集谛道谛，非第一义谛，非常非依。一苦灭谛，离有为相，离有为相者是常，常者非虚妄法，非虚妄法者是谛是常是依，是故灭谛是第一义。

依如来藏处说圣谛义，是甚深难知的，即四谛中的灭谛。上来已明白说到，这里再依四谛作一简释。"此四圣谛，三是无常一是常"，这是略标。有生住异灭相的，称为无常，反之即是常。四谛中，合于生住异灭相的，如苦谛、集谛，是生死杂染法，当然是有为的。道谛为修习所生起，也是有为法。所以，苦、集、道的"三谛，入有为相"中。有为相，或说生住异灭四相，或说生异灭三相，或说生灭二相。总之，是有起灭变异的。三谛既"入有为相"，所以"是无常"的。"无常"的有为法，即"是虚妄法"。无常的"虚妄法"，即"非谛非常非依"。谛是真实不颠倒；虚妄法是虚假而不真实的，所以说非谛。是无常的，所以说非常。虚妄法不足为究竟依止，所以说非依。这不但苦集，道谛也如此，所以说："法尚应舍，何况非法？""是故，苦谛、集谛、道谛，非第一义谛，非常非依。"经说苦等为四谛，今又说苦集道非谛，这不是矛盾吗？不！说苦集道非谛，是约非如来觉证的第一义说。如约世俗法的作用说，虽不是究竟真实也可以名之为谛。如佛说无常是苦，真实是苦，不能说不苦。佛说八正道是道，依此确能证涅槃，不能说不是道。所以约世俗说，苦集道为谛。如约究竟真实说，即唯"一苦灭谛"，才是"离有为相"的。凡是"离有为相"的，即"是常"住法。凡是"常"住法，即是"非虚妄法"，"是谛、是常、是依，是故灭谛是第一义"谛。

约四谛辨二谛，声闻乘学者中有不同的论说。如《毗婆沙论》(七七)有四家说，《顺正理论》(五八)有五说。也有立苦集道三谛是世俗，灭谛是第一义的，与本经一致。《般若经》说，四谛都是假名说，是世俗谛，而四谛的法空性，是第一义谛。这是因灭谛也通假名施设，而难言寂灭，是第一义，也即与本经的灭谛说相近。三谛是世俗，灭谛是第一义，古有此说，本经也依此作论。

壬二　遮倒示正

癸一　遮倒见

子一　总遮凡小

不思议是灭谛，过一切众生心识所缘，亦非一切阿罗汉辟支佛智慧境界。譬如生盲不见众色，七日婴儿不见日轮。苦灭谛者亦复如是，非一切凡夫心识所缘，亦非二乘智慧境界。凡夫识者，二见颠倒；一切阿罗汉辟支佛智者，则是清净。

抉择如来的智境即灭谛。灭谛，即如来藏、法身、大般涅槃，这是凡夫二乘所不能见不能证的。凡夫与二乘的见地，都不能与灭谛正义相合，故应有简别。先总遮凡小。

"不思议是灭谛"，不思议即超"过一切众生心识所缘"的，也"非一切阿罗汉辟支佛"的"智慧境界"。这可以譬喻来说：一、"譬如生盲不见众色"，这喻如凡夫，于如来藏、法身一点也没有见到，如生下来即坏了眼根的盲者一样，青黄赤白的颜色，什么也不知道。二、如"七日婴儿不见日轮"，婴儿虽有视觉，但经不得强烈的日光，婴儿在日光底下，眼睛就睁不开，不能正见空中的日轮。这如二乘，虽有净智知生死法，然于如来藏法身不能正见。所以合法说："苦灭谛"，也是"如是，非一切凡夫心识所缘"，也"非二乘"的"智慧境界"。为什么不能？因为，"凡夫"的心"识"不能通达无二无别的一法界性，而常起"二见"；不能正见法相，而都起四"颠倒"。二见很多，如执有执无是二见，执常执断是二见，执一执异是二见等。总之，众生所认识的一切，都是相对的，于相对的而执为实有，所以一切都是二见。颠倒，即常乐我净的妄见。见，是推求执著义。"一切阿罗汉辟支佛智"，"是清净"智。清净，依本经前后文，即清净智，也即是空智。二乘的空智，是观虚妄杂染法，于四不颠倒境界转，与如来空智的契证如来藏法身不同。《大般涅槃经》于凡夫、二乘不能见如来藏、法身、大般涅槃的道理，说得极明白，可为参考！

子二　别遮凡夫

丑一　遮二见

边见者，凡夫于五受阴，我见妄想计著，生二见，是名边见，所谓常见断见。见诸行无常，是断见，非正见；见涅槃常，是常见，非正见。妄想见故，作如是见。于身诸根，分别思惟，现法见坏，于有相续不见，起于断见，妄想见故。于心相续愚暗不解，不知刹那间意识境界，起于常见，妄想见故。此妄想见，于彼义若过若不及，作异想分别若断若常。

"边见"，先说凡夫的二见，即二边见。"凡夫于五受阴"境，以"我见"为本；依此我见而起种种"妄想"和"计著"。我见是六十二见的根本，一切见依我见而生。种种妄想执著，"生二见,是名边见"。落于二边,边鄙而不中正的倒见,名为边见。二见极多,今举出特重要的,即"常见断见"。为何特别举出这断常二见? 因佛法宗本,为生死流转与解脱涅槃法。于此二而引生的倒见,不是误认为常住的,就是错执为断灭的。

二见的解说,有二番。先约于生死涅槃所起的断常见说:"见诸行无常,是断见,非正见。"行是有生灭法,如五阴。凡夫见有生灭,见生者必归于无常灭,不了五阴无常相似相续,不了如来藏为依而不失不坏,于是就起断见,以为不免无常,不免一死,终于是什么都没有。有些凡夫外道,厌生死而求涅槃,"见涅槃常,是常见",也"非正见"。因为凡夫不能真知涅槃,仅是比对世间无常而推想离世间的常住。这样的常见,还是不正见。凡夫于诸行无常起断见,于涅槃起常见,由于"妄想见"而"作如是"的执"见"。次约有为身心所起的断常见说:"于"有情"身"分的"诸根"——能见的眼、能闻的耳,到能触的身,"分别思惟",于"现法"中"见"它"坏"了。现法即现在,现在生中的诸根,一旦坏了,不能再起作用,或部分坏了,或完全坏了,如人的死亡。这类凡夫,专在物质所集成的诸根着想,于是见诸根坏了,就以为有情不再存在。他对"于"三"有相续"的事理"不"能明"见",所以执为什么都没有了,"起于断见"。这是唯物论者的偏见,由于不契真义,但凭"妄想"的执"见"而如此。有一类凡夫,"于心相续"的真义"愚暗不解"。心虽是相续的,但以愚痴暗昧而不能如实了解,"不知刹那间"生灭的"意识境界",所以"起于常见",这是唯心论者的偏见。唯心论者执有精神的常住,他们以为眼等诸根坏了,心是相续常住而不断的,不知道心——意识是刹那刹那生灭的相续,如火焰一样、流水一样,是前后相续不断的,但并不是常住。于心相续所起的常见,也是由于"妄想见"而生起的。

上面所说的于生死涅槃起断常见,或说于有为的物心二法起断常见,"此妄想见",都是"于彼"真"义","若过若不及",而不能恰当,所"作异想分别",才以为是"若断若常"。过与不及,都不合中道正义。不及是损减见,太过是增益见。如见眼等坏灭,即否认业果不失的缘起法,起于断见,即是不及的损减。见到心识的相续,误以为常住,这是太过的增益见。这过与不及的断常二见,即是上来所说的二见——边见。

丑二　遮颠倒

颠倒众生,于五受阴,无常常想,苦有乐想,无我我想,不净净想。

颠倒,即凡夫的四种颠倒。"颠倒众生,于五受阴"的生死诸法,不能正确地了解,而起错乱的认识。如诸行是"无常"的,他却作"常想";一切有漏诸行是"苦"的,他却起"有乐想";一切法是"无我"的,他却生起"我想";一切有漏法是"不"清"净"的,他却起清"净想"。颠倒以见为体;于法必先现有错乱的倒想,而后才成为倒见,所以经中都称为倒想。如人是无常的,但从小到大,有相似相续相,不了相似相续的生灭性,所以起常想。众生的心境中,似乎有乐,而不知乐是轻微的苦,如为重担所压,感受苦痛;转一转肩,轻松一些,即似乎快乐,实仍为苦。有漏无常的诸行,众生倒起乐想。五蕴的一合假相,没有真实的自体,也没有绝对的自由，但众生为我执所蒙蔽，倒觉为有一自在的自我；自在即我。生死法，一切是不清净的；如身为三十六物所成，秽恶所积聚，然为薄皮及庄饰所蔽，而倒觉为清净的。凡夫外道，都起此四倒；声闻法即着重于说明无常、苦、无我、不净，修四念处，以求解脱。

子三　别遮二乘

一切阿罗汉辟支佛净智者，于一切智境界，及如来法身，本所不见。

"一切阿罗汉辟支佛"的果智，是清净的，名为"净智"。此净智，于生死法的无常等虽有所了知，但"于"如来"一切智"所知的如来藏"境界"，"及"因如来藏出缠而成就的"如来法身"，还是"本所不见"，本所不得的。于生死了知无常等，虽生起净智不颠倒；但如于如来法身、菩提、涅槃也看做无常、苦、无我、不净，那又是颠倒了。否定生死法，而不能肯定地正见涅槃的常乐我净，所以还不是究竟的正确的知见。

癸二　示正见

或有众生信佛语故，起常想乐想我想净想，非颠倒见，是名正见。何以故？如来法身，是常波罗密、乐波罗密、我波罗密、净波罗密。于佛法身作是见者，是名正见，正见者是佛真子，从佛口生，从正法生，从法化生，得法余财。

究竟的真知正见，唯是如来，十地菩萨也还不能亲切地了知。然而，凡夫、二乘、菩萨也可能得正知见，不过不由自力的智慧证知，而是信佛所说而来。"或有"二乘而回小向大的，或有凡夫而初发菩萨心的，这样的"众生"，佛为他们说如来藏法身一乘法，即能"信佛"的"语"言，于如来藏法身生"起常想、乐想、我想、净想"；这"非"是"颠倒见"，而"是名"为"正见"的。无常等约生死法说，生死法不能执常乐我净；然如来法身涅槃，是出世第一义，是常乐我净的，而不应执为无常苦无我不净。"何以"呢？因为"如来法身，是常波罗密、乐波罗密、我波罗密、净波罗密"。波罗密，即事情的究竟成办。佛果是究竟圆满，有常等的四德，所以名四波罗密。如来法身超越于时间性，无前无后，无始无终，无生无灭，所以是常。《涅槃经》说："无苦无乐，是名大乐"，离去凡常的苦乐，不再有恼乱、烦动、变易，得究竟安稳的不系乐。我即大自在，佛于一切法自在，名为法王。佛离一切系缚，离一切杂染尽，名大净。如来藏本也具此常乐我净的，但如来法身才圆满地成就显发了常乐我净的功德。如来法身如此，所以能"于佛"的"法身作"如"是见"，"是名正见"。

得此"正见"的，才"是佛"的"真子"。此下，约父子喻说。印度婆罗门自称为梵子，从梵生，从梵口中生，得到梵的一分。现在也作类似的赞叹：能于佛法得正见的，是如来的真子。二乘弟子虽都可说佛子，但大乘经中讥二乘为婢子，不是如来嫡子。佛的真子，是趣向佛乘的菩萨。因佛口说法，依佛音声，得法气分，所以说"从佛口生，从正法生，从法化生"。世间子，得父家财：有的但得父亲的房屋田产，有的能得父的道德、智慧。学佛法的也如此：有不得佛的法分，但以行布施、持戒而得福报；有的于佛法修证解脱，即名为"得法"分——"余财"。

戊三　如来依因——一依

己一　出依体

庚一　约胜以简劣

世尊！净智者，一切阿罗汉辟支佛智波罗密。此净智者，虽曰净智，于彼灭谛尚非境界，况四依智！何以故？三乘初业不愚于法，于彼义当觉当得，为彼故，世尊说四依。

上文说："虚妄法者非谛非常非依"，"非虚妄法者是谛是常是依"，现在即着重于依的说明。生死与涅槃，都应有依止；有依止，才成为生死流转，才能得涅槃还灭。什么是依？就是如来藏——灭谛。依此而有生死，依此而有涅槃。从世间来看，一切法，凡是存在的，都是有所依的，无依即不能存在。如书依于桌，桌依于地，地依于虚空。

上面说到二乘的净智，"净智"，是"一切阿罗汉辟支佛"的"智波罗密"。二乘的果智，如尽智无生智，约二乘断证说，也可说是究竟圆满的，所以说是智波罗密。不过，"此"二乘无学果所有的"净智"，"虽"也可以说是"净智"，但对"于彼"如来所证的"灭谛，尚非"他的"境界"。果智尚且如此，何"况"不及净智的初学的"四依智"？四依智，古有二说，一说：二乘初修，依四谛所生的智慧，名四依智。一说：是依法不依人、依义不依语、依了义不依不了义、依智不依识的四依智。第二说更好。唐译作"入流智"，意指四预流支。四预流支与四依，本为一事的转说。佛令人亲近善知识，目的在法不在人。从善知识听闻正法，目的在真义而并非为了名言章句。劝学者如理思惟，即应依了义经去思惟。法随法行，即依法而行，但这是不应依取相的分别识，而应依离相空智。佛"何以"要说四依智？因为，使"三乘初"发"业"的行者，"不"致"愚"昧"于法"的真义，于佛说法的根本目的、究竟意趣，能正知正见。如法即摄受正法的正法；义即第一义谛；了义即决定说一乘；智即如来藏空智。"于彼"四依的真意"义"，现在虽还没有能证得，但"当"来一定能"觉"，一定能"得"。"为彼"三乘初业行者，使他不愚于法，所以"世尊说四依"，学者也就因此而起四依智。

庚二　据一以遮四

世尊！此四依者，是世间法。世尊，一依者，一切依上，出世间上上第一义依，所谓灭谛。

"此"上所说的"四依"，"是世间法"，是随顺四预流支而说为四依。论到究竟，实只有一依。这"一依"，是"一切依"中的最"上"依。从世出世间说，是"出世间"依；从上中下说，是"上上"依；从二谛说，是"第一义依"。这一依，即是常是谛的，非虚妄的无为的，无作四谛中的"灭谛"。生死也依此，涅槃也依此，为一切的究竟依。

己二　明依义

庚一　常住不变为生死依

辛一　略标善说

世尊！生死者，依如来藏；以如来藏故说本际不可知。世尊，有如来藏故说生死，是名善说。

先说灭谛为生死依。本经的文义简奥,不大明显。《楞伽经》曾引本经,说如来藏为生死依,可以参考。生死流转,即蕴处界流转,生死法是无常、无我的。但刹那生灭的无常法,怎么能前后延续? 作业在现在,受果在未来,前不是后,后不是前,前后间有什么联系而成为生死轮回呢? 外道说,有常住的灵魂、神我。我在轮回,造业者、受果者,是同一的我。佛法说无常、无我,又说生死流转,即显得非常深奥! 为论究这一主题,佛教中有各式各样的解说。真常唯心论者,即说常住不变的如来藏为生死依。

生死死生的"生死","依如来藏"而有。如来藏是常住不变的平等法空性;如来"以如来藏"的离初后际,"故说本际不可知"。时间的最初为本际,如现生是从前生来的,前生又从前生来的,这样一直推上去,生死的最初怎样? 佛常说,众生无始以来,生死的本际不可知。求生死的最初边际是不可能的。依本经的解说,如地依于空,空无所依,不可再问空何所依。这样,生死依如来藏,如来藏常住,无本际可说,所以生死也就本际不可得。这样,"有如来藏故说"有"生死",生死是依如来藏的。如有作这样说的,"是名善说"。如不说依如来藏有生死,不但不是善巧的说明,而且根本就说不通。

辛二　别释依义

壬一　生死依

癸一　生死是如来藏

世尊! 生死生死者,诸受根没,次第不受根起,是名生死。世

尊,生死者,此二法是如来藏。

此下,分别解说。生死依如来藏,但生死与如来藏,不可说一,也不可说异。今先说不异。上面说到"生死,生死"到底是什么?"诸受根没,次第不受根起,是名生死。"受即是取,眼等六根,能取六境,说名受根。也可说:六根是有执受法,即执取六根为有情自体,生起觉受,所以名受根。诸取根没,即眼等根的取境作用坏了。次第不受根起,即次第受根不起。六根是刹那生灭的,前一刹那灭,后一刹那生,相续而起用名为生。如刹那灭了,受根的作用不再次第生起,是为死。这两句,合说从生而死。诸取根起灭的"生死""二法",有起有灭,是虚妄有为;但究论体性,实即"是如来藏"。如眼病而见到空中的花生花灭,切勿以为虚空外别有空花的生灭,空花的起灭实即是虚空性,并不离了虚空而有花的生灭体。生死依如来藏,即是如来藏而不可说异,也是这样。

癸二　生死依如来藏

世间言说故有死有生。死者诸根坏,生者新诸根起。非如来藏有生有死,如来藏离有为相,如来藏常住不变,是故如来藏是依是持是建立。世尊! 不离不断不脱不异不思议佛法。世尊,断脱异外有为法依持建立者,是如来藏。

此说生死与如来藏的不一。依如来藏有生死,这不是第一义谛;不过依"世间"法,随世俗谛的"言说"而说"有死有生"。"死",就是"诸根"的作用"坏"了;"生",就是"新"的"诸根"生"起"。说有诸根的生死起灭,然"非如来藏"自体,也是"有生有死"的。如说花生花灭不出于虚空，就是虚空，而虚空自身，实并无花生花灭。从世俗而显第一义，说生死是如来藏；然从第一义说，"如来藏"是不生不灭，"离"生灭"有为相"的。由"如来藏"的不生不灭，"常住不变，是故如来藏是依是持是建立"。《宝性论》引此文，译为"常、恒、清凉、不变"。常即无生，恒即无死，清凉所以无病，不变所以无老。有为相，是依无明住地烦恼所起的颠倒乱相，如来藏从来离垢，所以无生老病死的诸相。自身无生死相，却为一切众生生死流转的所依，如虚空虽无花生花灭，而妄见的花生花灭还是依空而有。要说如来藏为生死依，且顺便说为涅槃依。如来藏是无边功德所依止；是能摄持一切功德而不失；一切佛法是因此而得建立。说如来藏是依是持是建立，即由于这是过恒沙的"不离不断不脱不异不思议佛法"。与如来藏不二，不可安立别异，这即是上说的不空如来藏。同时，为"断脱异外"的颠倒虚妄杂染的"有为"诸"法"的"依"止、摄"持"、"建立"，这即"是如来藏"。所以，如来藏为依有二义：生死杂染依于它，清净功德也依于它。据唐译及《宝性论》引文，不离下多一"不离智"，断脱异下多一"离智"。意思说，不离智慧性的一切功德法，与如来藏不离不异，依于如来藏而有；非智慧性的一切虚妄杂染法，与如来藏别异，也是依如来藏而有。

　　所以，有人说《起信论》立真如生无明义，实在不妥当。只可说，依真如而有无明，迷真如而有无明，无明是不离于真如的。但真如非生死缘起法，不可说真如生无明。本经说如来藏为依；《楞伽》《密严经》说如来藏藏识为依，唯识论以阿赖耶识（识藏）为依。如来藏为依，是真常妙有的大乘经的本义；专依赖耶说所依，是受着西北方论师的影响。

壬二　为缚脱依

世尊！若无如来藏者，不得厌苦乐求涅槃。何以故？于此六识及心法智，此七法刹那不住，不种众苦，不得厌苦乐求涅槃。世尊！如来藏者，无前际，不起不灭法，种诸苦，得厌苦乐求涅槃。

缚是生死系缚，脱是涅槃解脱，这都依如来藏而成立。假"若无如来藏"，众生即"不得厌苦"，不得"乐求涅槃"。要解脱生死，必先知苦可厌。乐即愿欲，知三界生死苦可厌，这才希求安乐自在的涅槃。不知厌生死，即不会乐求涅槃。众生在生死苦中求快乐，而有漏乐实是行苦而不能知。知厌苦而不彻底，即不能彻底地乐求涅槃。厌苦心、乐求涅槃的心，这种动机的发生不是没有原因的，这都依如来藏而有的。"何以"没有如来藏，即不知厌苦、不求涅槃？因为，"于此六识及心法智，此七法"都是"刹那不住"的。生死流转法，是蕴、处、界，依唯识说，即一切以心识为本。众生的有漏识有七：即眼耳鼻舌身意识——六识及心法智。心法智，地论师解说为第七识；嘉祥说是六识的相应心所；唐译作"所知"境。然依《楞伽经》义，即第七末那识，如说："其余诸识，有生有灭，意意识等念念有七。""七识不流转，不受苦乐，非涅槃因。"末那，译为意，真谛三藏每译为心。本经的心法智，实即第七末那的异名。心法智的智，约凡夫的颠倒智说（《智论》有"心想智力"句），妄想执著，不是真智慧。此七法，是刹那不住的，即念念生灭的。如前前非后后，一切是刹那灭的,那么众生起善造恶,如何能保持善恶业因,而成为生起未来生死苦的因呢?所以,没有如来藏,即"不种众苦",种下的苦种,即是招感三界生死的业;由善业感人天善果,由恶业感三恶趣果。今七识都是生灭不住的,这些善不善的业种,种在什么处所呢?谁能保持它不失?生灭易脱的七识,不能受熏。本经说如来藏是常住的,是依是持是建立;善恶等熏习依于如来藏,善恶业不失而能感三界生死果。生死流转,由此而能建立。如没有三界生死苦,也即"不得厌苦",不会"乐求涅槃"。而且,在生死苦痛中,众生都直觉得必有究竟安乐的依处。众生虽不能实证得此究竟安乐,但能信能求。换句话说,所感受的愈苦痛,愈觉得有此安乐处。否则,即陷于绝望的悲观,不会因此起乐求涅槃心。这因为众生本有如来藏,为众生自性;虽迷而不觉,然在生死苦迫中,能直觉地希乐愿求。这样,生死流转,依如来藏而成立;解脱涅槃,也依如来藏而成立了。"如来藏"的所以为生死涅槃依,不是别的,因为它"无前际",法尔如此,本来如此,没有时间性的边际。因此,如来藏是"不起不灭法"。是不起不灭的常住法,能为生死涅槃作所依,众生这才"得厌苦,乐求涅槃"。中观和唯识宗,明一切法空性或圆成实性,也是不起不灭,无前际后际的,然都不说为一切法的依止处。以常住不生灭为所依,即真常唯心论的特色!

辛三　遮倒解

世尊! 如来藏者,非我非众生非命非人。如来藏者,堕身见众生,颠倒众生,空乱意众生,非其境界。

　　依如来藏说有生死、涅槃，然如来藏决非外道、凡夫、小乘的倒解可明了。一般外道，执一真实常住的我为生死涅槃的主体，佛法说无常无我，否定外道所执的常我。现在说如来藏为生死涅槃的所依，但与外道所执的常我不同。"如来藏"，"非我非众生非命非人"。我、众生、命、人，为我的异名。今说非我非众生非命非人，和《金刚经》的"无我无人无众生无寿者"的意义一样，都是无我的异名。我，即主宰、自在。众生，即五众（蕴）假合的有情；依外道说，即是生而又生的补特伽罗。命，即寿命、生命，约生死的延续说。人，即行人法的，如有意识，有智慧，能用手，能说话的。我、众生、命、人，是约我的四义不同，实即一神我。现在说如来藏是不与外道的神我一样的。《楞伽经》也说："无我如来之藏"，实约一切法空性说。

　　次说"如来藏"为三种人所不能知：一、"堕身见众生"，即上文所说"凡夫于五受阴我见妄想计著生二见"。身见即是我见，凡夫依我见为本而执断执常，不能正见无我如来之藏。二、"颠倒众生"，即上文所说"颠倒众生于五受阴，无常常想，苦有乐想，无我我想，不净净想"，有了这四颠倒，也就不能正知如来藏。三、"空乱意众生"，即上文所说"一切阿罗汉辟支佛净智……本所不见"。阿罗汉辟支佛净智，也名为空智。二乘空智，不能通达一切法性空，即究竟正见空义，所以说是空乱意，即迷乱于法空性，而意有错失。这三类倒解，都不能见如来藏，所以说"非其境界"。然《宝性论》别说为：堕身见众生为外道；颠倒众生为二乘，因法身是常乐我净的，二乘倒执为无常苦无我不净；空乱意众生，为大乘中的恶取空者。然依本经文义而说，即是二见与颠倒众生,及净智二乘。

庚二　自性清净为入道因

辛一　列五藏

世尊!如来藏者,是法界藏,法身藏,出世间上上藏,自性清净藏。

如来藏为杂染清净所依,然如来藏自体实非生死杂染法;生死杂染不过依附于如来藏,如来藏是自性清净的。性净而与杂染相关的道理,此处特为说明。先列五藏名字。这是散见大乘经中的,而实同为如来藏的别名。《佛性论》解说为:一、"如来藏",约自性说。如,即真如,即一切法自性。以真如为藏(或约依止义,或约摄持义,或约隐覆义,如前说),名如来藏。二、"法界藏",这是约因说的。界是因义,发心修行,以及成就无漏功德法,都依于如法性。如如来藏有过恒沙功德,为一切清净法因;又以法空性为所缘境,引生无漏功德法,故名法界。三、"法身藏",约果说。由修行正法所成就的,名为如来法身。依法成身名法身,即以法性为身;又是一切大功德法聚,故名法身。四、"出世间上上藏",这是约真实义说。世间,是浮虚不真实的。如来藏不变常住,真实清净,所以名出世间。出世间义通二乘,这是出世间的上上法,所以名出世间上上藏。五、"自性清净藏",约秘密义说。如来藏自性清净,这是甚深难解处。发心修行,与如来藏相顺相应,即成圣贤;与如来藏相违不相应的,即成外道凡夫。此五藏中的自性清净藏,下文将专为说明。

辛二　释二事

此自性清净如来藏,而客尘烦恼上烦恼所染,不思议如来境界。何以故?刹那善心,非烦恼所染;刹那不善心,亦非烦恼所染。烦恼不触心,心不触烦恼,云何不触法而能得染心?世尊! 然有烦恼,有烦恼染心,自性清净心而有染者,难可了知。

二事,一、本性清净,是主;二、烦恼杂染,是外附,是客性。如来藏自性清净,以虚空、宝珠等为喻,似乎是易解的。其实,一切众生有如来藏净性,而众生位中的一切又都是不清净的;不清净法,覆蔽染污清净性的如来藏,这是极难明了的。所以说:"此自性清净"的"如来藏"是清净的,"而"又为"客尘烦恼上烦恼所染"污,这是"不思议"的"如来境界",非凡夫二乘所知。烦恼与随烦恼,称为客尘。客对主说,有后起的、外来的、不久即去等含义。如来藏是本来如此的,所以称自性。烦恼随烦恼,是可断除法,类如附着于摩尼宝珠的尘垢,所以称客尘,尘是染秽不净义。这如来藏的不染而染、染而不染的境界,非一般众生所能了知。

烦恼的客尘,是后起的,还是本来就有的? 若是本有,何以名客尘? 如某处,有甲就有乙,即都是主人,不能说有主客的分别了。有就同有,如来藏何以不与烦恼那样,也称为客呢? 假使说烦恼是后起的,那么,如来藏本性清净,圆满究竟,而后又起烦恼,佛已断烦恼而证圆满清净,烦恼也可能再起了! 这是不合理的。又如,现在一念善心,这应该说有无烦恼呢? 如说有烦恼,善心即不成为善心，善与不善，是不能同时存在的。如说善心起时，没有烦恼，那怎能说烦恼染污净心？若更微细分别，心是心王，烦恼是心所，烦恼不起时，不能说心为烦恼所染污。就是烦恼现前时，烦恼心所与心，虽缘起相依，而实互不相及。一念现前时，烦恼不能渗入净心，净心也不能渗入烦恼，怎能说烦恼染污净心？何不说净心净化烦恼？"心性本净而为客尘烦恼所染污"，这是佛法共有的教说，而实在甚深甚深，极难思议！所以说："何以"如来藏为烦恼所染，是这样的难知？因为，"刹那善心"生起，不能同时有烦恼生，所以"非烦恼所染"。如"刹那不善心"生起，心即是相应不善的；自身即是不善，还说染个什么？这是约善不善心的生起，以说明自性清净的心不能为烦恼所染。又"烦恼不触心，心不触烦恼"，因为法法是不相到的，各住自性，烦恼是烦恼，心是心，就是同时能生起，也还是互不相入，"不触法"，怎"能得染心"呢？"然"而，事实上"有烦恼"，也确"有烦恼"能"染心"。不是推论与思议的境界，而烦恼与为烦恼所染的心，却是确实的。所以"自性清净"的"心"，而有染"污，是"难可了知"的。依下文说，这唯佛能知，我们仅能以信仰去接受它。

本经不以自性清净心论可否为烦恼染污，而约自性清净的善心或不善心，论是否可为烦恼所染污。自性清净心，不出自性清净的善心（立三性，即摄无覆无记）、自性清净的不善心（立三性，即摄有覆无记）。善心不善心，约心相说；自性清净心，约善不善心的自性说。善心与不善心的自性清净，有漏位中，为烦恼所染污，这是极难理解的。心性本净与客尘所染，也许由于难解，所以常为大小空有诸宗所共净。有不承认心性本净的，即以经文为不了义。有部解说为：心有善、不善、无记三性，无记是心的本性，初生及命终，以及善不善心所不起时，心都是无记的。与善心所及恶心所相应，成为善不善心，即是客性。约心相续的为不善心所染，说心性本净，客尘所染，并非不善心的自性是清净无漏的。成实论师，说心性通三性，也以此经为不了义，约相续假名心说。声闻中的大众部、分别论者，是以心的觉性为本净的。大乘中，如《般若经》、《中观论》等，以为此约善不善心的空性说。一切法本性空，自性清净心者，清净就是空，空就是清净。众生的心是本性空寂的，一切法也是本性空寂的，所以说一切法及心自性清净。心性虽本来空净，而以因缘有杂染烦恼，不碍自性空的缘生烦恼，不离法性空，即是法性空，无二无别，然由于烦恼，本净（空）的心性不得显现，由此说心性本净为烦恼所染污。瑜伽学者，也约此义说。然邻近大众分别说的真常唯心论，如本经，所说即略略不同。心性本净，或自性清净心，当然约如来藏法性空说。然胜义空的般若宗风，法性空约一切法说；心性空虽约心以显法性，但心性净与法性净是无二的。本经直约心性说，心性本净中含摄得无边功德，所以说："过于恒沙不离不脱不异不思议佛法。"如来藏虽即法性，但约一一众生上说，不离蕴界处（有情自体），不离贪嗔痴等烦恼所染说。如来藏自性清净，唯能约众生说，与法性本净不同。性净中有无边功德，名如来藏，这与《般若经》等心性本净不同。本经的自性清净心，约心性与空性的合一说；此即寂即觉的心性中，摄得无漏功德法。这样的自性清净心，无始以来为烦恼所杂染。凡真常唯心论的自性清净心,是有空寂、觉了、净法功能三义的,与中观及唯识义不同。

丁四　证说

戊一　胜鬘推佛

唯佛世尊,实眼实智,为法根本,为通达法,为正法依,如实知见。

佛命胜鬘更说摄受正法,胜鬘即奉命广说如来一切果德。如来果德极为甚深,为引摄众生易生信心起见,又推尊于佛,请佛证明。文句已如前解说。

戊二　如来述成

胜鬘夫人说是难解之法问于佛时,佛即随喜:如是! 如是! 自性清净心而有染污,难可了知。有二法难可了知:谓自性清净心难可了知,彼心为烦恼所染亦难可了知。如此二法,汝及成就大法菩萨摩诃萨乃能听受,诸余声闻,唯信佛语。

“胜鬘夫人说”了这甚深“难解”的妙“法”,又敬“问于佛”,请佛证明“时,佛即随”顺欢“喜”地说:“如是! 如是!”胜鬘说的甚深法,约义理,通于如来究竟果德的一乘、一谛、一依;从文段说,由如来藏自性清净为客尘所染的难可了知而来。“自性清净心而有染污”,这的确是“难可了知”的。分别地说,“有二法难可了知”:一、“自性清净心”——如来藏,“难可了知”。二、根本的无明住地烦恼等,也是难可了知的。而说“彼”自性清净“心,为”无明住地等“烦恼所染”,染净二法的互相关系更是“难可了知"。众生的心自性本是清净的,但为烦恼所染;虽为烦恼所染,而自性还是清净的。论到这真妄的根源,以及真妄相关处,真是难可了知!贤首家说的"随缘不变,不变随缘",即可为此义的说明。为烦恼所染是随缘,虽随缘而自性清净不变;虽不失自性清净,而确是随染缘,为生死依,起一切虚妄法。矛盾而统一,统一中存有矛盾,真妄的相关处,是如此。"如此"甚深难知的"二法",唯有"汝"胜鬘"及成就大法菩萨摩诃萨乃能听受"。大法就是正法。正法,显法的微妙;大法,显法的深广。听了能领受,这不唯信仰而已,是经智慧的了解。除了成就大法的菩萨能领受外,"诸余声闻"缘觉的二乘圣者,"唯"有"信"受"佛语",不能以自己的智解来领会的。

丙二　大(一)乘道因

丁一　如来说

戊一　标

若我弟子,随信,信增上者,依明信已,随顺法智而得究竟。

　　一乘道果中的一乘、一谛、一依,归结于一切众生本有如来藏心,这是趣入大乘的因依;以此为依,才能发心、修行、证果。即如来果德,为众生入道真因,为真常妙有者的唯一特色。

　　如来承上而接着说:"若"为"我"佛的"弟子",修一乘佛法,最初是"随信",即以信心为依而修学,是随信行者。学佛本有二类根性:(一)是随信的,重于信心,随信而入于佛法;(二)是随智的,重于法智,随智而深入佛法。本经宗明果德,所以重在信心,随信入道。"信增上",是随信行的信心渐次深固而有力。随信如信根，信增上如信力，这是信位菩萨"依"于上来"明信"，进而"随顺法智"。明信，不是迷信，而是含有慧解的正信，不过重在信而已。得到明信，再随顺智慧观察正法，名为法智，这是胜解行地菩萨。随顺法智后，再进"而得"到"究竟"，即是悟入正法，于正法究竟决了无疑，不会退转了，这是分证以上的菩萨。修学佛法，有此信位、解行位、证入位的三阶。

戊二　释

随顺法智者，观察施设根意解境界，观察业报，观察阿罗汉眠，观察心自在乐禅乐，观察阿罗汉辟支佛大力菩萨圣自在通，此五种巧便观成就。于我灭后未来世中，若我弟子随信信增上，依于明信，随顺法智，自性清净心，彼为烦恼染污，而得究竟；是究竟者，入大乘道因。

如来所说，重于后二位。先释"随顺法智"，这就是五种巧便观，即于五法门而得到善巧：一、"观察施设根意解境界"。有作十八界解：根即六根，意解即六识，境界即六尘。声闻乘五善巧中，也有界善巧。施设即安立，对安立十八界的法门观察解了。然应解说为：意解境界，明唯识法门。本经重在菩萨大行、如来果德，而于众生生死虚妄法的因果缘起，略而不详。如论到生死虚妄边，应为一切境界，唯心所现。意解，即意言，一切境界，唯是意识——一意识，摄得一切虚妄分别心心所法——所现起的影像。依《楞伽经》，每说：如来藏藏识，施设根尘器界。这是阿赖耶识的自性缘起。二、"观察业报"，即爱非爱缘起。业有种种业，报有种种报，如何发业，如何润生，种种业报差别。虚妄生死，不出这二事，这二种观是约生死杂染说的。三、"观察阿罗汉眠"，有作"阿罗汉眼"：眼是阿罗汉的智慧，即净智。眠是随眠——深潜的烦恼。阿罗汉虽断了四住烦恼，但还有深隐的无明住地未断。四、"观察心自在乐禅乐"：心自在乐，是心离烦恼、心得解脱而有的离系乐。禅乐是修四禅所得的现法乐住。心自在乐，慧解脱阿罗汉能得；得现法乐住的禅乐，即俱解脱阿罗汉。五、"观察阿罗汉辟支佛大力菩萨圣自在通"，得意生身的三乘圣者，随意无碍自在，引发种种神通。这三种观察，是重于二乘（及菩萨）的行证，切勿于此起究竟想，知道这还没有究竟，即一乘道，所以要正确观察。"此五种巧便观成就"，即名随顺法智。

再释得究竟。此依修行信智而来，所以重举："于我灭"度"后，未来世中，若我弟子"，能"随"顺于"信，信"心"增上；依于明信"，能进而"随顺"五善巧观的"法智"；这样的进修，就能得到究竟。什么究竟呢？"自性清净心，彼为烦恼染污"，这难可了知的甚深义，决了无疑的证信，就是"得究竟"了。如"是"于性净尘染能"究竟"，就是"入大乘道因"。其实，信也信此自性清净心为烦恼染污；随顺法智，也是观察此自性清净心为烦恼所染，名为阿赖耶识，由此现起根意境界，即初巧便观。由如来藏为依，有生死业报，即第二巧便观。障覆自性清净心的烦恼，微细而二乘不断的，为无明住地，即第三巧便观。离得部分烦恼，得心自在乐与禅乐，不应作究竟想，即第四巧便观。三乘圣者，未能转得如来藏中藏识的名义，还有三余，但已能得自在神通，即第五巧便观。所以，信、解行、证入，为入大乘道因；而这大乘道因,以如来藏心为依因。所以说:"依如来藏故,厌生死苦,乐求涅槃。"

戊三　结

信如来者,有如是大利益,不谤深义。

初从信入,所以"信如来"的教说;或依信而解而证,都"有如是"的"大利益,不谤"甚"深"的法"义"。

丁二　胜鬘说

戊一　请说

尔时胜鬘白佛言:更有余大利益,我当承佛威神,复说斯义。

这是请说。胜鬘于信解证入中,重于未信令信,已信者得增进。

戊二　许说

佛言:便说。

戊三　正说

已一　赞叹三善

胜鬘白佛言:三种善男子善女人,于甚深义,离自毁伤,生大功德,入大乘道。何等为三? 谓若善男子善女人,自成就甚深法智;若善男子善女人,成就随顺法智;若善男子善女人,于诸深法不自了知,仰推世尊:非我境界,唯佛所知。是名善男子善女人仰推如来。

"胜鬘白佛"：有"三种"的"善男子善女人"，他们对"于甚深"的法"义"，都得三大利益：（一）"离自毁伤"，不信佛法，毁谤佛法；或者不知而自以为了知，起错误的见解，作颠倒的解说，都是谤法重业。三种善人是不会如此毁伤自己的。（二）"生大功德"，因为信解深义，修六度四摄，能生广大功德。（三）"入大乘道"，从信而解，从解而行，为趣入大乘道因。"何""为三"种人呢？（一）"自成就甚深法智"，即于甚深义而得究竟的菩萨。（二）"成就随顺法智"，即作五种善巧观的解行菩萨。（三）"于诸深法"，由于智慧不够，"不"能"自"己有所"了知"，于是"仰推世尊"，这是信位菩萨。怎样是仰推世尊？凡不能明见甚深法义，即自己承认无慧，这是"非我"所解的"境界"，"唯佛所"能"知"道。我虽不知不解，佛是能明彻无碍的。那么，佛如此说，我就如此信受，这叫"仰推如来"，就是随信行。上面佛说的，约一人的次第进修，先信，次随顺法智，后得究竟为三位。胜鬘约多数有情的差别，分成三类。这三类人，虽有程度的浅深，但都能得到上面所说的三大利益。也可以说：成就信增上，能离自毁伤；成就随顺法智，能生大功德；成就甚深法智，能入大乘道。

己二　降伏余恶

除此诸善男子善女人已，诸余众生，于诸深法，坚著妄说，违背正法，习诸外道腐败种子者，当以王力及天龙鬼神力而调伏之。

"除此"三种"善男子善女人"而外，"诸余"凡外的"众生，于诸"甚"深"的"法"义，本所不知本所不见，却"坚"固地执"著"他的"妄说"，而"违背正法"。如佛说无我如来之藏，他们却说有实在的自我；佛说大般涅槃有常乐我净的四德，他们却执为是无常苦无我。凡是这些"习诸外道"的"腐败种子"们，应该予以降伏。腐败种子，即不能于佛法中生善根功德芽的。对这种恶人，应"当以王力及天龙鬼神力而调伏"他。在世间的显露边，借王臣的权势，运用政治力量来降伏他们，或驱逐，或禁闭。还有在秘密方面，以天龙八部鬼神的力量，去降伏他们，使他们舍邪归正。大乘经中常说：天龙八部，都有受佛付嘱，而乐意护法的。

戊四　证说

尔时胜鬘与诸眷属顶礼佛足。佛言：善哉善哉！胜鬘，于甚深法方便守护，降伏非法，善得其宜，汝已亲近百千亿佛，能说此义。

"胜鬘"说完了经，即"与诸眷属，顶礼佛足"，向佛辞行。"佛"乘这末后机会，也就印证她方才所说，并赞叹说："善哉善哉！胜鬘"，汝"于甚深法方便守护"！原来，护法是有两方面的：如信受佛语，依佛说去修学证入，摄受众生入正法中，这是正常的守护佛法。另外还有不得已的方便守护，即为了降伏腐败种子，不得不如此。这样的"降伏非法"恶人，确能"善得其宜"——恰到好处；否则，佛法会被破坏而毁灭了。佛说胜鬘实"已亲近百千亿佛"，才"能说"出"此"甚深"义"理。——正宗分到此已毕。

甲三　流通分

乙一　付嘱流通

丙一　胜鬘流通

尔时世尊,放胜光明,普照大众,身升虚空,高七多罗树,足步虚空,还舍卫国。时胜鬘夫人与诸眷属,合掌向佛,观无厌足,目不暂舍,过眼境已,踊跃欢喜,各各称叹如来功德,具足念佛,还入城中,向友称王称叹大乘。城中女人,七岁已上,化以大乘。友称大王,亦以大乘化诸男子,七岁已上,举国人民,皆向大乘。

佛法不但利益当时大众,还要利益未来大众。所以诸大乘经,都有付嘱流通分。今先说胜鬘流通。胜鬘在佛前宣说了大法,经佛印证,所以她此后仍不断地弘扬此法门。

佛因胜鬘的诚信感通,来阿逾阇国弘化。法事完毕"时,世尊"又"放"殊"胜光明,普照大众",像来时的普放净光明一样。来时佛在空中现,从空而下;现在是以神通力,从地而"身升虚空,高七多罗树"。一多罗树,高七尺,共约五丈高左右。佛升空中后,"足步虚空",即以神境通力履行于虚空中,"还舍卫国"去。当佛回去"时,胜鬘夫人与诸眷属",又在恭敬地"合掌向佛",为佛送行。爱慕佛,尊重佛,舍不得佛的别离,所以远望如来,"观无厌足,目不暂舍"。一直到"过"了"眼"的"境"界,见不到佛为止。

胜鬘等送佛回国后,大家都心中充满了法喜,所以"踊跃欢喜"。胜鬘与眷属们,"各各称叹如来"不思议的"功德,具足念佛"，而"还入城中"。具足即圆满。念佛，不但是口头诵持。念，是内心的明记不忘；时时系念着佛，名为念佛。对佛有完全的了解系念，方是具足念佛。这有四种：（一）念佛名号，这是极浅的。（二）念佛相好，这也还是形式的。（三）念佛功德，即佛所成就于内的，如大智、大悲、大方便、三明六通、十八不共法等功德。（四）念佛法性身，即观法实相。以本经说，摄受正法，般涅槃，无作灭谛，如来藏，如来法身等，都是摄得功德的实相念佛。胜鬘入城，回到宫中，首先向她的丈夫"友称"大"王"，称叹"大乘"法。友称王听了，也就信佛，奉行大乘。从此，夫妇共弘大乘法。"城中女人，七岁已上"的，由胜鬘去"化以大乘"。"友称大王"也"以大乘"法去"化诸男子"，使"七岁已上"的男子都信学佛法。总之，阿逾阇国的"举国人民"，男女老少，"皆"趣"向大乘"，修学大乘了。从切身处推广出去，由家庭的佛化而到社会的佛化。

丙二　如来流通

丁一　重说经文以付嘱

戊一　集众

尔时世尊入祇洹林，告长老阿难，及念天帝释，应时帝释与诸眷属，忽然而至，住于佛前。

佛回到舍卫，即"入祇洹林"。洹，是梵语，即华语的林，所以应译为祇林，即祇园。佛在阿逾阇国与胜鬘弘通的法门，祇林的大众还没有听说，所以又集众重说。"告长老阿难"：阿难多闻第一，有受持经典、传布流通的责任。佛告诉他，召集祇林的比丘大众们。不但付嘱人间，还要流通天上，所以又心"念天帝释"。梵语释迦因陀罗（帝）提婆（天），今译为天帝释，意译为能天主，为三十三天王。在许多天中，帝释对佛法有特别的关系。佛在人间，帝释住地居天顶，邻近人间，所以时来佛边听法。由于他，须弥山顶的夜叉群——执金刚神都受持佛法，护持流通。龙树说：佛法，人间的出家弟子中，付嘱阿难；天上的在家弟子中，付嘱帝释。如来心念帝释，"应时，帝释与诸眷属"——天龙八部们，都"忽然而至，住于佛前"。

戊二　说经

尔时世尊，向天帝释及长老阿难，广说此经。

人天大众齐集祇林"时，世尊"就"向天帝释及长老阿难"，并诸天人，又"广说此"胜鬘"经"。

戊三　付嘱

己一　付嘱帝释

说已，告帝释言：汝当受持读诵此经，憍尸迦！善男子善女人，于恒沙劫修菩提行，行六波罗密，若复善男子善女人，听受读诵，乃至执持经卷，福多于彼，何况广为人说？是故，憍尸迦！当读诵此经，为三十三天分别广说。

佛"说"经"已"后，就"告帝释"说："汝"应"当受持"此经，"读诵此经"。领受在心，持而不忘，名为受持。常时念诵，名为读诵，这是闻法者应有的初步工夫。佛为付嘱流通，劝人学习，大乘经都赞叹受持的殊胜功德。现在佛呼帝释为"憍尸迦"（帝释前生姓憍尸迦）说：如有"善男子善女人，于恒"河"沙劫"中"修菩提行，行六波罗密"，功德当然是大极了。但"若复"有"善男子善女人"，对此经"听受读诵"，甚至暂时地"执持经卷"，他所得的"福"德，即"多于彼"善男子善女人，"何况"能"广为"他"人"宣"说"？那福德是更大了！可是，行菩萨行、修六波罗密的，也必是从受持读诵大乘经而来，为什么不及受持读诵本经呢？这不外乎当机赞叹，劝发受持而已。也可以说：有发菩提心而修菩提行的，不知众生有如来藏性，即不能决定能否成佛，虽修菩提行，未到达不退位，可能会退为小乘。如听了如来常乐我净、如来藏、大涅槃，那就决定趣入大乘，不再退失。久修而可退，这当然不及听闻而决定不退，趣入一乘的了。又可说：修菩提行有二种人：（一）着重事相的，如修事六度的菩萨。（二）了生死即涅槃，能与法空性相应而修习。如本经的摄受正法，是胜于偏重事行的。"是故，憍尸迦"！汝"当读诵此经"，并在善法堂中，"为三十三天分别广说"此经。

己二　付嘱阿难

复告阿难：汝亦受持读诵，为四众广说。

　　佛"复告"诉"阿难"说："汝"也应当"受持读诵"此经，"为四众"弟子——出家的比丘、比丘尼，在家的优婆塞、优婆夷，"广说"此经。

丁二　列举经名以付嘱

戊一　出经名

时天帝释白佛言：世尊！当何名斯经？云何奉持？佛告帝

释：**此经成就无量无边功德，一切声闻缘觉，不能究竟观察知见。憍尸迦！当知此经，甚深微妙，大功德聚，今当为汝略说其名，谛听谛听，善思念之。时天帝释及长老阿难白佛言：善哉世尊！唯然受教。佛言：此经叹如来真实第一义功德，如是受持。不思议大受，如是受持。一切愿摄大愿，如是受持。说不思议摄受正法，如是受持。说入一乘，如是受持。说无边圣谛，如是受持。说如来藏，如是受持。说如来法身，如是受持。说空义隐覆真实，如是受持。说一谛，如是受持。说常住安隐一依，如是受持。说颠倒真实，如是受持。说自性清净心隐覆，如是受持。说如来真子，如是受持。说胜鬘夫人师子吼，如是受持。**

问答经名以便受持，是大乘经所常有的。因为这样，一、可以知所简别，这是什么法门，与其余的法门各别；二、经义繁多，略举经名，就可能忆持全经的意义。

本节可分几小节："时天帝释"受佛付嘱后，又"白佛"说：应"当"以"何名"称来称说"斯经"？又应当"云何奉持"？这是启请持名。

"佛告"诉"帝释"说："此经"——法门，着重佛的果德，所以"成就"了"无量无边"的"功德"。这样的法门，"一切声闻缘觉，不能"够"究竟"地"观察"与如实"知见"的。"憍尸迦"！应"当知"道："此经"是"甚深微妙"的，可说是"大功德"的积"聚"处。因为本经从菩萨的归依、发愿、修行，到广谈如来果德，实是无边功德的集成。内容那么广大，名称也就说不尽。不过，"今当为汝略说"法门的"名"字，应当审"谛"地"听"闻！还要如理思惟地"善"巧地"思念"它。

当"时,天帝释及长老阿难",得佛允许,略说经名,就"白佛"说:"善哉! 世尊"! 我们谨"受"佛的"教"导,"唯然",是允诺的意思,这是大众受教而听。

接着,佛就说有十五个经名,一一地要他们"如是受持"。古人依此,而分本经为十五章,然不一定次第如此,这只是从本经中举列十五个重要论题、重要内容。记住了这,全经的内容也就受持不失了。一、"此经"是称"叹如来真实"功德"第一义功德",如胜鬘说颂,"叹佛实功德"等。二、"不思议大受",即是胜鬘所受的十大戒。三、"一切愿摄大愿",即胜鬘发三大愿;菩萨的一切大愿,都摄在这三大愿中。四、"说不思议摄受正法",此下,经名都有一说字。因为以上是胜鬘自己的事,此下才是胜鬘说法。从广义说,全经都是摄受正法。约狭义说,指宣说大乘——摄受正法即正法,摄受正法即波罗密,摄受正法即摄受正法者等。五、"说入一乘",即会三乘归一乘,说小乘有恐怖,如来是归依。六、"说无边圣谛",无边即无量,这应总指如来境智,自圣智圣谛以下,一直到抉择四谛宗一谛。七、"说如来藏"。八、"说如来法身"。九、"说空义隐覆真实",都是无边圣谛的一分。空义隐覆真实,可有二说:1.即说空如来藏处。真实为如来藏性;如来藏为烦恼所隐覆,而不相应,名为空。2.如来藏为二乘空智所不能了;空智唯于无常苦无我不净上转,不能真见如来藏性,如来藏为空智所覆。十、"说一谛",即三谛是有为,非谛非常非依;一谛是无为,是谛是常是依。十一、"说常住安隐一依",这也即是一灭谛的是常是谛是依;约与前差别,即简二乘的四依智,明佛出世间上上第一义依。十二、"说颠倒真实",可通二处文:1. 即堕身见的众生起二见与起四颠倒,及空乱意的众生,迷如来的法身涅槃,偏执无常苦无我不净的四倒。闻佛说法身如来藏性,即是真实。2. 说依如来藏有生死涅槃是真实善说;离如来藏,说依我等有生死涅槃,即颠倒。十三、"说自性清净心隐覆",指如来藏五名,为客尘烦恼所染而自性清净。十四、"说如来真子",即佛约一人说有随信、随顺法智、得究竟的三阶;胜鬘约三类人,说得三大利益。或指前于佛法身得正见者,是佛真子,从佛口生,从正法生,从法化生。十五、"说胜鬘夫人师子吼",广义说,全经都是胜鬘师子吼。狭义说,即降伏腐败种子的恶人,以王力及天龙鬼神力去调伏他们。

戊二　嘱流通

己一　付嘱

复次憍尸迦!此经所说,断一切疑,决定了义,入一乘道。憍尸迦!今以此说胜鬘夫人师子吼经付嘱于汝,乃至法住,受持读诵,广分别说。

如来将付嘱,所以先总说经义;"此经所说"的法门,能"断一切"的"疑"惑。如二乘能不能成佛?菩萨会不会退堕?现在经中说一切众生有如来藏,三乘入于一乘,即断一切疑。所以是"决定了义"的教说,重于一切众生"入一乘道"。本经的要义如此。佛又告帝释说:"憍尸迦!今以此说胜鬘夫人师子吼经,付嘱于汝",从今日起,直到佛"法"还"住"在世间的时期,都应当"受持读诵","广"为一切众生"分别"解"说"。

己二　受嘱

帝释白佛言：善哉世尊！顶受尊教。

"帝释"受佛的付嘱，就"白佛言"："善哉！世尊！"我当"顶"戴"受"持如来的"尊教"，一直把它流传下去。

乙二　大众奉行

时天帝释、长老阿难，及诸大会，天、人、阿修罗、乾闼婆等，闻佛所说，欢喜奉行。

法说完了，付嘱也完毕了。那"时，天帝释"与"长老阿难，及诸大会"中的诸"天"及"人"，还有"阿修罗"——非天，"乾闼婆"——寻香（作乐神），还有迦楼那、紧那罗等，总之，天龙八部、人非人等，他们"闻佛所说"，个个都"欢喜奉行"。

本经所说的教义，虽简略而极重要，可与其他教典相互研读。如说一乘，可研究《法华经》。说如来藏为生死涅槃依，可研究《楞伽经》。说如来果德、法身、涅槃，可研究《大涅槃经》。发愿受戒，可读《菩萨璎珞本业经》等。一乘佛教的重要论题，本经都略有论到，可作真常大乘的概论读！

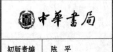

初版责编　陈平